日本の歴史
最強ライバル列伝

小沢章友・著
きろばいと・絵

集英社みらい文庫

目次《もくじ》

はじめに

人間《にんげん》の歴史《れきし》は、「平和《へいわ》」をのぞむ歴史《れきし》であると同時《どうじ》に、「あらそい」のたえなかった歴史《れきし》でもあります。そして、「あらそい」には、たいてい、ライバルというものが存在《そんざい》します。それは、たとえば、戦国時代《せんごくじだい》の有名《ゆうめい》な武将《ぶしょう》である「武田信玄《たけだしんげん》」と「上杉謙信《うえすぎけんしん》」といった、個《こ》と個《こ》がライバルであるときもあれば、平清盛《たいらのきよもり》に代表《だいひょう》される「平家《へいけ》」と源頼朝《みなもとのよりとも》に代表《だいひょう》される「源氏《げんじ》」といったように、一族《いちぞく》、一門《いちもん》に属《ぞく》する多《おお》くの人物《じんぶつ》が、ライバルとなっているときもあります。

さらには、関ケ原《せきがはら》の戦《たたか》いにみられるように、徳川家康《とくがわいえやす》ひきいる「東軍《とうぐん》」と、石田三成《いしだみつなり》ひきいる「西軍《せいぐん》」といった、利害《りがい》の分《わ》かれるふたつの武将《ぶしょう》グループが、ライバルの武将《ぶしょう》グループにたいして、はげしい勢力《せいりょく》あらそいをするときもあります。

同《おな》じライバルでも、「よきライバル」という関係《かんけい》もあります。よきライバルがいたから、がんばって成果《せいか》をあげることができた。そうしたことは、スポーツや学術《がくじゅつ》・文芸《ぶんげい》などで、実際《じっさい》によくあることです。この本《ほん》でとりあげる中《なか》だと、福沢諭吉《ふくざわゆきち》と大隈重信《おおくましげのぶ》の関係《かんけい》がそういえるかもしれません。

けれど、ほとんどの場合《ばあい》は、「相手《あいて》をたおさなくては、自分《じぶん》がたおされる」といった、きびしいライバル関係《かんけい》であり、歴史上《れきしじょう》、多《おお》く目《め》につくのは、この「勝《か》つか、負《ま》けるか」、「負《ま》ければ、ほろびる」といった、きびしい対立関係《たいりつかんけい》でした。

「平家《へいけ》」は、「源氏《げんじ》」に負《ま》けて、一族《いちぞく》もろとも、ほろんでいきますし、関ケ原《せきがはら》の戦《たたか》いのあと、大坂冬《おおさかふゆ》の陣《じん》・夏《なつ》の陣《じん》をへて、「豊臣家《とよとみけ》」は、「徳川家《とくがわけ》」に負《ま》けて、ほろんでいきます。

ライバルに敗《やぶ》れたものは、歴史《れきし》から、退場《たいじょう》させられていく運命《うんめい》なのです。

飛鳥時代《あすかじだい》、奈良時代《ならじだい》、平安時代《へいあんじだい》、鎌倉時代《かまくらじだい》、室町時代《むろまちじだい》、戦国時代《せんごくじだい》、江戸時代《えどじだい》、明治時代《めいじじだい》とつづく、日本《にほん》の歴史《れきし》には、ライバルたちのさまざまな「あらそい」がきざまれています。

この本《ほん》では、その「あらそい」の代表的《だいひょうてき》なものを、時代順《じだいじゅん》に、とりあげてみました。

これを読《よ》めば、「ライバルの対立《たいりつ》・抗争《こうそう》が、歴史《れきし》を動《うご》かしてきた」という事実《じじつ》が、理解《りかい》してもらえることでしょう。

小沢章友《おざわあきとも》

歴史《れきし》には諸説《しょせつ》ありますが、本書《ほんしょ》ではおおよそ通説《つうせつ》と言《い》われているものを参考《さんこう》としています。

第《だい》一章《しょう》

じっと耐《た》えて、最後《さいご》に勝《か》つ 中大兄皇子《なかのおおえのおうじ》と大海人皇子《おおあまのおうじ》

「弟《おとうと》よ、おまえに、たのみたいことがある」

六七一年《ねん》、病《やまい》にたおれた天智天皇《てんじてんのう》（中大兄皇子《なかのおおえのおうじ》）は、実《じつ》の弟《おとうと》である大海人皇子《おおあまのおうじ》を呼《よ》んで、言《い》いました。

「なんでしょうか、兄上《あにうえ》」

大海人皇子《おおあまのおうじ》はたずねました。

「わたしの命《いのち》は、もう、あまり長《なが》くはない」

天智天皇《てんじてんのう》は、苦《くる》しそうに息《いき》をつぎながら、言《い》いました。

「兄上《あにうえ》、そんな弱気《よわき》なことを言《い》わないでください。兄上《あにうえ》には、いついつまでも、天皇《てんのう》の位《くらい》についていていただかなければ」

大海人皇子《おおあまのおうじ》が言《い》うと、天智天皇《てんじてんのう》は、弟《おとうと》の手《て》をにぎって、こう言《い》いました。

「いや、わたしの病《やまい》は、それをゆるすまい。だから、もしもわたしが死《し》んだら、おまえに、あとをついでほしいのだ」

大海人皇子《おおあまのおうじ》は、はっとしました。

(あぶない。兄《あに》のことばには、裏《うら》がある)

大海人皇子《おおあまのおうじ》は、兄《あに》の性格《せいかく》を知《し》りつくしていました。

兄《あに》は、こうときめたことは、つらぬき通《とお》す強《つよ》い意志《いし》の持《も》ち主《ぬし》でしたが、ほんとうに思《おも》っていることは、腹《はら》に入《い》れたまま、あまり表《おもて》にはあらわさないという、複雑《ふくざつ》な性格《せいかく》だったからです。

(わかりました、とわたしがこたえたなら、兄《あに》はどうするつもりなのか)

大海人皇子《おおあまのおうじ》は、考《かんが》えました。


(弟《おとうと》は、どうこたえるだろう)

天智天皇《てんじてんのう》は思《おも》いました。

たしかに、天智天皇《てんじてんのう》のことばは、本心《ほんしん》とは裏腹《うらはら》でした。もしも、大海人皇子《おおあまのおうじ》が、わかりましたとでも言《い》おうものなら、ただちに殺《ころ》すつもりでいたのです。

(わたしのあとは、わたしの息子《むすこ》である、大友皇子《おおとものおうじ》につがせなくては。しかし、そのためには、

「皇太弟《こうたいてい》」という身分《みぶん》の、順当《じゅんとう》にいけば、つぎの天皇《てんのう》になる弟《おとうと》がじゃまだ。これをとりのぞかなくてはならない）

そう考《かんが》えていた天智天皇《てんじてんのう》は、弟《おとうと》に、わなをしかけたのです。

王宮《おうきゅう》のまわりには、剣《けん》の使《つか》い手《て》である数人《すうにん》の刺客《しかく》が待《ま》ちかまえていました。天智天皇《てんじてんのう》が合図《あいず》をすれば、ただちに、大海人皇子《おおあまのおうじ》を殺《ころ》す手《て》はずになっていたのです。

大海人皇子《おおあまのおうじ》は、天智天皇《てんじてんのう》の顔《かお》を、みつめました。

病《やまい》で苦《くる》しそうにはしていましたが、兄《あに》の目《め》は、するどく光《ひか》っていました。弟《おとうと》の本心《ほんしん》をみぬこうとしている目《め》だったのです。

（やはり、本心《ほんしん》ではないな）

大海人皇子《おおあまのおうじ》は、きっぱりと言《い》いました。

「いいえ、わたしが、兄上《あにうえ》のあとをつぐことはありません」

「なに？」

天智天皇《てんじてんのう》は、おどろいたようにたずねました。

「いま、なんと言《い》った？」

大海人皇子《おおあまのおうじ》は、しっかりとした声《こえ》でこたえました。

「兄上《あにうえ》のあとは、いまの皇后《こうごう》（倭姫《やまとひめ》）がおつぎになればよいのです。そして、兄上《あにうえ》のお子《こ》である大友皇子《おおとものおうじ》が、皇太子《こうたいし》となられるのが、もっともよいかと思《おも》われます」

大海人皇子《おおあまのおうじ》は、そのこたえを、あらかじめ用意《ようい》していました。

（もしも、兄《あに》にわなをしかけられそうになったら、こうこたえよう。そうすれば、兄《あに》はわたしを暗殺《あんさつ》しようとはするまい。とにかく、兄《あに》の本心《ほんしん》は、大友皇子《おおとものおうじ》にあとをつがせたいのだから）

天智天皇《てんじてんのう》に呼《よ》ばれたときから、そうこたえようと、考《かんが》えていたのです。

「それでは……」

天智天皇《てんじてんのう》は、弟《おとうと》の意外《いがい》なことばが、すぐには信《しん》じられませんでした。

「弟《おとうと》よ、おまえは、どうするのだ？」

天智天皇《てんじてんのう》は、大海人皇子《おおあまのおうじ》のこころをさぐるように、たずねました。

「わたしは、兄上《あにうえ》の病《やまい》がなおるように、出家《しゅっけ》して、＊吉野《よしの》にこもります」

大海人皇子《おおあまのおうじ》は、頭《こうべ》をたれて、そうこたえました。

（そうだったのか。弟《おとうと》には、天皇《てんのう》になろうという野心《やしん》がなかったのか）

＊吉野《よしの》……奈良県南部《ならけんなんぶ》にある地名《ちめい》。

天智天皇《てんじてんのう》は、それを聞《き》いて、胸《むね》をなでおろしました。

（よかった。弟《おとうと》を殺《ころ》さずにすんだ……）

兄《あに》である中大兄皇子《なかのおおえのおうじ》と、弟《おとうと》である大海人皇子《おおあまのおうじ》は、同《おな》じ両親《りょうしん》をもつ、永遠《えいえん》のライバルでした。

六二六年《ねん》、中大兄皇子《なかのおおえのおうじ》は生《う》まれました。

父《ちち》は、第《だい》三十四代《だい》の舒明天皇《じょめいてんのう》であり、母《はは》は、のちに皇極天皇《こうぎょくてんのう》、さらに斉明天皇《さいめいてんのう》となる女性《じょせい》でした。

中大兄皇子《なかのおおえのおうじ》がおさなかったころ、天皇《てんのう》の力《ちから》は弱《よわ》く、有力《ゆうりょく》な豪族《ごうぞく》であり、大臣《おおおみ》である蘇我氏《そがし》が、権力《けんりょく》をほしいままにしていました。

蘇我蝦夷《そがのえみし》は、人民《じんみん》を勝手《かって》に使《つか》って、みずからの墓《はか》をつくらせて、天皇《てんのう》の墓《はか》の呼《よ》び方《かた》と同《おな》じ陵《みささぎ》と呼《よ》ばせたり、息子《むすこ》の入鹿《いるか》に、勝手《かって》に大臣《おおおみ》をゆ

中大兄皇子《なかのおおえのおうじ》と大海人皇子《おおあまのおうじ》 関係図《かんけいず》

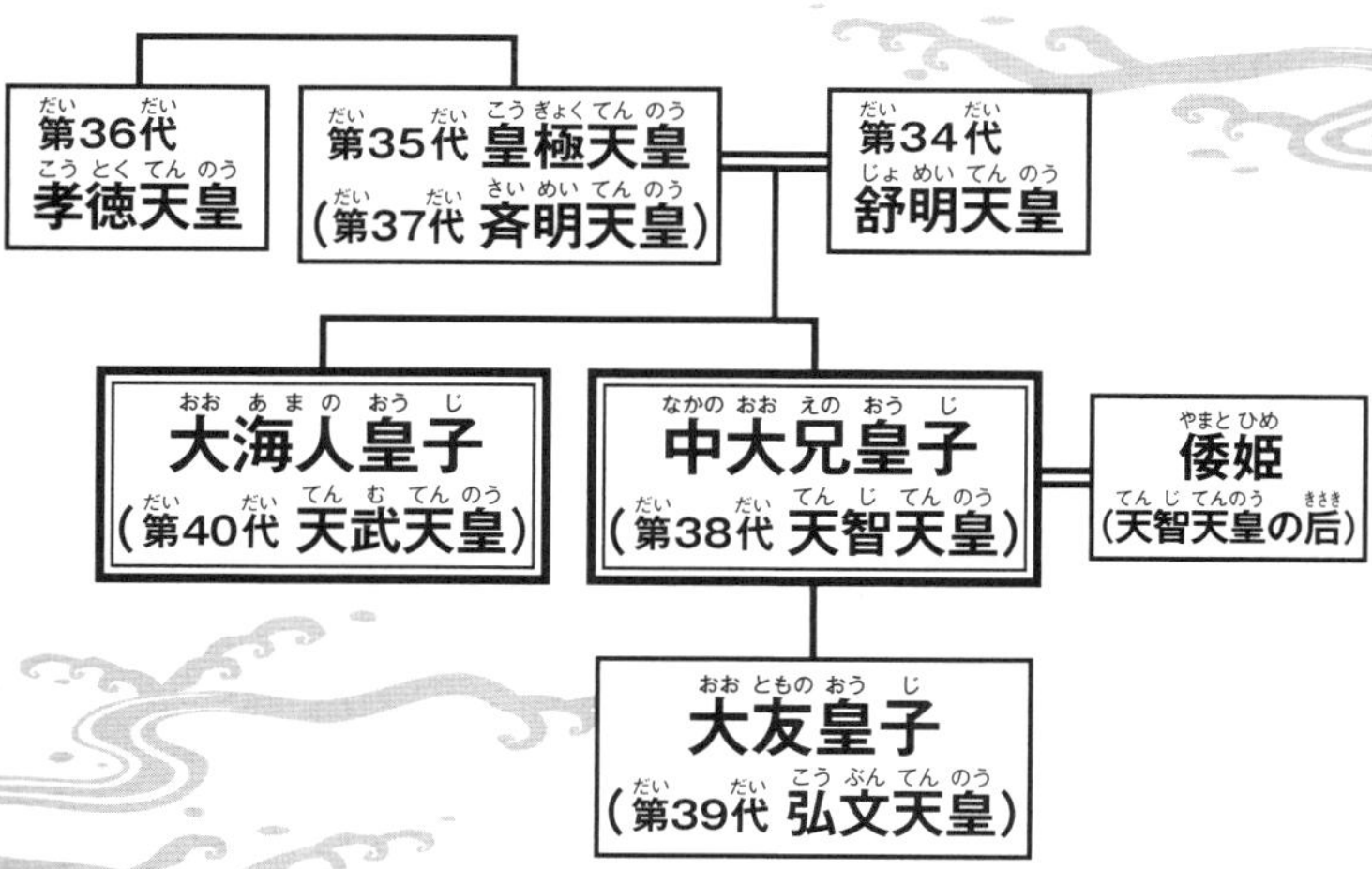

ずったりと、天皇《てんのう》をおしのけて、わがもの顔《がお》にふるまっていました。そしてその息子《むすこ》・蘇我入鹿《そがのいるか》は、父《ちち》の蝦夷《えみし》をしのぐ横暴《おうぼう》な男《おとこ》でした。

「つぎの天皇《てんのう》には、おれの従兄弟《いとこ》である古人大兄皇子《ふるひとのおおえのおうじ》をつけよう」

そう考《かんが》えて、聖徳太子《しょうとくたいし》の子《こ》である山背大兄王《やましろのおおえのおう》とその一族《いちぞく》を攻《せ》めて、みな殺《ごろ》しにしたり、さらに、みずからの邸宅《ていたく》を宮門《みかど》、子《こ》を王子《みこ》と呼《よ》ばせたりして、国《くに》のまつりごとを天皇家《てんのうけ》から、うばいとろうとしていました。

「これでは、いけない」

成長《せいちょう》した中大兄皇子《なかのおおえのおうじ》は、のちに藤原氏《ふじわらし》と名《な》のる中臣鎌足《なかとみのかまたり》と、ひそかに計画《けいかく》しました。

のちに大化《たいか》（元年《がんねん》）の元号《げんごう》となる六四五年《ねん》の六月《がつ》十二日《にち》。＊飛鳥板蓋宮《あすかいたぶきのみや》で、計画《けいかく》を知《し》らされた蘇《そ》我倉山田石川麻呂《がのくらのやまだのいしかわまろ》が、皇極天皇《こうぎょくてんのう》の御前《ごぜん》で、上表文《じょうひょうぶん》を読《よ》みあげましたが、声《こえ》がふるえてしまいました。

「どうしたのだ、石川麻呂《いしかわまろ》」

入鹿《いるか》が首《くび》をかしげたとき、中大兄皇子《なかのおおえのおうじ》と佐伯子麻呂《さえきのこまろ》が、いきなり剣《けん》で入鹿《いるか》をおそいました。

「なぜ、わたしを……」

血《ち》を流《なが》しながら、皇極天皇《こうぎょくてんのう》にうったえる入鹿《いるか》に、佐伯子麻呂《さえきのこまろ》はとどめをさしました。

＊飛鳥板蓋宮《あすかいたぶきのみや》……飛鳥《あすか》の地《ち》（現在《げんざい》の奈良県高市郡明日香村《ならけんたかいちぐんあすかむら》を中心《ちゅうしん》とする地域《ちいき》、奈良盆地《ならぼんち》の南部《なんぶ》）にあった宮殿《きゅうでん》。皇極天皇《こうぎょくてんのう》が造営《ぞうえい》を命《めい》じた。

大海人皇子《おおあまのおうじ》は、入鹿《いるか》の暗殺事件《あんさつじけん》を聞《き》くと、おどろきました。

(なんという兄上《あにうえ》か。しかし、なぜ、わたしにひとことも相談《そうだん》してくれなかったのだろう)

同《おな》じ父母《ふぼ》から生《う》まれたのに、兄《あに》と弟《おとうと》は、まったく気質《きしつ》と性格《せいかく》がちがっていました。なにごとにつけても、きびきびと動《うご》きまわる兄《あに》にくらべて、弟《おとうと》のほうは、おっとりとしていて、ものしずかでした。

思《おも》い切《き》ったことをやってのけた兄《あに》に、大海人皇子《おおあまのおうじ》はおそれをいだきました。

(兄《あに》にさからえば、弟《おとうと》のわたしといえども、殺《ころ》されるかもしれない)


「なに、入鹿《いるか》が殺《ころ》されたというのか」

入鹿《いるか》の死《し》を聞《き》くと、蝦夷《えみし》は絶望《ぜつぼう》し、自宅《じたく》に火《ひ》をかけて、自殺《じさつ》しました。

蘇我氏《そがし》をほろぼすと、中大兄皇子《なかのおおえのおうじ》は、母《はは》の皇極天皇《こうぎょくてんのう》をおろし、叔父《おじ》の孝徳天皇《こうとくてんのう》を即位《そくい》させて、みずからは皇太子《こうたいし》となりました。

「よいか。改新《かいしん》のみことのりである」

六四六年《ねん》、一月一日《がっついたち》、中大兄皇子《なかのおおえのおうじ》は、新《あたら》しい政府《せいふ》の基本方針《きほんほうしん》である、改新《かいしん》のみことのりを発《はっ》しました。

「百官《ひゃっかん》をもうけて、位階《いかい》をさだめる」

「私地私民制《しちしみんせい》をやめて、公地公民制《こうちこうみんせい》とする」

「戸籍《こせき》をつくって班田収授法《はんでんしゅうじゅのほう》をおこなう」

などの、律令制《りつりょうせい》の基礎《きそ》となる、さまざまな改革《かいかく》を、中大兄皇子《なかのおおえのおうじ》はおこなったのです。


六五四年《ねん》に孝徳天皇《こうとくてんのう》が死《し》ぬと、その翌年《よくねん》、中大兄皇子《なかのおおえのおうじ》は、あとをつがずに、かつては皇極天皇《こうぎょくてんのう》といわれていた母《はは》を、斉明天皇《さいめいてんのう》と名《な》をあらためさせて、即位《そくい》させました。

六六一年《ねん》、斉明天皇《さいめいてんのう》が亡《な》くなると、今度《こんど》こそは、中大兄皇子《なかのおおえのおうじ》が天皇《てんのう》の位《くらい》につくのが自然《しぜん》でしたが、そうしませんでした。

「兄上《あにうえ》、なぜ、天皇《てんのう》の位《くらい》につかれないのですか」

弟《おとうと》の大海人皇子《おおあまのおうじ》がたずねると、中大兄皇子《なかのおおえのおうじ》は言《い》いました。

「弟《おとうと》よ。このほうが、いろんな改革《かいかく》ができるのだ」

こうして、中大兄皇子《なかのおおえのおうじ》は、天皇《てんのう》にならず、六四六年《ねん》からの二十二年間《ねんかん》も、朝廷《ちょうてい》の権力《けんりょく》をにぎりつづけたのでした。

しかし、六六三年《ねん》、倭軍《わぐん》（日本軍《にほんぐん》）が百済《くだら》と組《く》んで、唐《とう》・新羅《しらぎ》の水軍《すいぐん》と戦《たたか》った、「白村江《はくそんこう》の戦《たたか》い」で敗《やぶ》れたあと、中大兄皇子《なかのおおえのおうじ》は、ついに天皇《てんのう》になることをきめました。
*1(大和《やまと》の地《ち》で即位《そくい》するのは、じゃまが入《はい》るかもしれない)
そう考《かんが》えた中大兄皇子《なかのおおえのおうじ》は、*2近江《おうみ》の大津宮《おおつのみや》に遷都《せんと》して、六六八年《ねん》、天智天皇《てんじてんのう》となりました。

このとき、それまで自分《じぶん》にいっさいさからうことなく、従順《じゅうじゅん》につかえてくれた弟《おとうと》の大海人皇子《おおあまのおうじ》を、つぎの天皇《てんのう》になる資格《しかく》をもつ、「皇太弟《こうたいてい》」としました。

けれども、天智天皇《てんじてんのう》にとって、弟《おとうと》の大海人皇子《おおあまのおうじ》は、しだいにじゃまな存在《そんざい》になっていました。というのも、自分《じぶん》のあとは、息子《むすこ》の大友皇子《おおとものおうじ》につがせたいと思《おも》うようになったからです。

一方《いっぽう》で大海人皇子《おおあまのおうじ》は、地方《ちほう》の豪族《ごうぞく》たちのあいだで、「ぜひ、つぎの天皇《てんのう》になってほしい」と、期待《きたい》されていました。
(弟《おとうと》は、地方《ちほう》の豪族《ごうぞく》に人気《にんき》がある。さて、弟《おとうと》ではなく、息子《むすこ》をわたしのあとつぎにするには、どうすればよいのか)
天智天皇《てんじてんのう》は、考《かんが》えました。
(よし、すこしずつ、朝廷《ちょうてい》の中心《ちゅうしん》から、遠《とお》ざけよう)
まず、大友皇子《おおとものおうじ》を太政大臣《だいじょうだいじん》にしました。そして、まつりごとを大友皇子《おおとものおうじ》にまかせて、大海人皇《おおあまのおう》子《じ》を、すこしずつ国政《こくせい》の重要《じゅうよう》な地位《ちい》から、はずしていったのです。

*1 大和《やまと》……現在《げんざい》の奈良県《ならけん》のあたり。 *2 近江《おうみ》……現在《げんざい》の滋賀県《しがけん》のあたり。

（弟《おとうと》は、怒《おこ》っているだろうか）

天智天皇《てんじてんのう》は弟《おとうと》の様子《ようす》をみまもりましたが、大海人皇子《おおあまのおうじ》はなにも不満《ふまん》を言《い》わず、だまって、兄《あに》である自分《じぶん》にしたがっているようでした。

（いや、このままではすむまい。弟《おとうと》は、いつか、わたしにさからうかもしれない）

天智天皇《てんじてんのう》は、大海人皇子《おおあまのおうじ》から目《め》をはなさないようにしました。

病《やまい》にたおれると、六七一年《ねん》の十月《がつ》、天智天皇《てんじてんのう》は、枕《まくら》もとに、大海人皇子《おおあまのおうじ》を呼《よ》びました。

（もしも、弟《おとうと》に、すこしでも野心《やしん》があったなら、息子《むすこ》のために、とりのぞこう）

そのつもりでしたが、弟《おとうと》のことばは、意外《いがい》なものでした。

「わたしは、出家《しゅっけ》して、兄上《あにうえ》の病《やまい》がなおるように、吉野《よしの》にこもり祈《いの》ります」

天智天皇《てんじてんのう》は、それを聞《き》いて、安心《あんしん》しました。

（そうか。弟《おとうと》は、あとをつぐ気《き》はないな）

天智天皇《てんじてんのう》に約束《やくそく》した通《とお》り、大海人皇子《おおあまのおうじ》はすぐに出家《しゅっけ》して、吉野《よしの》にこもりました。

その年《とし》、天智天皇《てんじてんのう》は亡《な》くなり、あとをついだのは、大友皇子《おおとものおうじ》です。

（注《ちゅう》・ここで大友皇子《おおとものおうじ》が天皇《てんのう》として即位《そくい》したかは諸説《しょせつ》ありますが、明治《めいじ》三年《ねん》になって「弘文天皇《こうぶんてんのう》」

の名《な》がつけられました）

「よし、兄《あに》が死《し》んだか」

六七二年《ねん》六月《がつ》二十二日《にち》、ずっと兄《あに》にたいして、さからうことのなかった大海人皇子《おおあまのおうじ》は、ついに決起《けっき》しました。

「わがもとにあつまれ」

東国《とうごく》の豪族《ごうぞく》たちに呼《よ》びかけ、兵《へい》をあつめたのです。大海人皇子《おおあまのおうじ》の呼《よ》びかけに応《おう》じて、ぞくぞくと軍勢《ぐんぜい》があつまってきました。

大海人皇子《おおあまのおうじ》は＊1美濃《みの》を本拠地《ほんきょち》として＊2不破《ふわ》の関《せき》を閉《と》じ、近江《おうみ》にいた子《こ》どもたちを脱出《だっしゅつ》させました。

そして、二十九日《にち》には、大友皇子《おおとものおうじ》の拠点《きょてん》のひとつである飛鳥《あすか》を占領《せんりょう》したのです。

大友皇子《おおとものおうじ》は、これまで朝廷《ちょうてい》につかえてきた大貴族《だいきぞく》たちと、軍勢《ぐんぜい》をととのえて、大海人皇子《おおあまのおうじ》と戦《たたか》おうとしました。

地方《ちほう》の豪族《ごうぞく》にささえられた大海人皇子《おおあまのおうじ》か。中央《ちゅうおう》の大貴族《だいきぞく》にささえられた大友皇子《おおとものおうじ》か。

天下《てんか》を分《わ》ける大決戦《だいけっせん》は、近江《おうみ》の＊3瀬田《せた》の大橋《おおはし》でおこなわれました。

＊1 美濃《みの》……現在《げんざい》の岐阜県《ぎふけん》のあたり。＊2 不破《ふわ》の関《せき》……美濃国《みののくに》にかつてあった関所《せきしょ》。

その日《ひ》、大橋《おおはし》の東《ひがし》に、大海人皇子《おおあまのおうじ》の軍《ぐん》が陣《じん》をかまえ、大友皇子《おおとものおうじ》ひきいる朝廷軍《ちょうていぐん》は、大橋《おおはし》の西《にし》に布陣《ふじん》しました。

朝廷軍《ちょうていぐん》は、うしろがみえないほど、数《かず》が多《おお》いうえ、さらに、橋《はし》にわなをしかけていました。橋《はし》のなかほどの板《いた》をはずして、進軍《しんぐん》してくる大海人皇子軍《おおあまのおうじぐん》を、川《かわ》におとすというわなでした。

しかし、このわなは、勇者《ゆうしゃ》の大分君稚臣《おおきだのきみわかおみ》によって見破《みやぶ》られてしまいました。

朝廷軍《ちょうていぐん》がいっせいにはなった、雨《あめ》あられと降《ふ》ってくる矢《や》のなかを、大分君稚臣《おおきだのきみわかおみ》はたくみにかいくぐり、突撃《とつげき》していったのです。この勇者《ゆうしゃ》のはたらきにより、朝廷軍《ちょうていぐん》は、大海人皇子《おおあまのおうじ》のひきいる地方軍《ちほうぐん》に敗《やぶ》れてしまいました。

大海人皇子軍《おおあまのおうじぐん》は、瀬田川《せたがわ》をわたり、大津宮《おおつのみや》へと向《む》かいました。

大友皇子《おおとものおうじ》は、*山前《やまさき》にのがれましたが、もはや、これまでと自決《じけつ》し、二十五年《ねん》の生涯《しょうがい》を終《お》えたのでした。

この戦《たたか》いは、この年《とし》が干支《えと》で壬申《みずのえさる》にあたることから、「壬申《じんしん》の乱《らん》」と呼《よ》ばれます。

大海人皇子《おおあまのおうじ》は、しばらく美濃《みの》の地《ち》にとどまったあと、飛鳥《あすか》の地《ち》にもどりました。

六七三年《ねん》、大海人皇子《おおあまのおうじ》は、第四十代《だいだい》、天武天皇《てんむてんのう》となりました。兄《あに》の天智天皇《てんじてんのう》がひそかにおそれ

＊山前《やまさき》……近江国大津《おうみのくにおおつ》の長良山《ながらやま》の前《まえ》など、いくつかの説《せつ》がある。

つづけた、ライバルである弟《おとうと》の大海人皇子《おおあまのおうじ》が、ついに天皇《てんのう》となったのです。

大友皇子《おおとものおうじ》をささえていた大貴族《だいきぞく》たちが没落《ぼつらく》したこともあり、天武天皇《てんむてんのう》は、ぞんぶんに力《ちから》をふるうことができるようになりました。

「わたしは、『現人神《あらひとがみ》』である」

そう宣言《せんげん》し、貴族《きぞく》にまかせることなく、天皇《てんのう》みずからがまつりごとをおこなう、「古代天皇制《こだいてんのうせい》」を確立《かくりつ》させたのでした。

コラム①

仏教《ぶっきょう》を信《しん》じるか、信《しん》じないか 聖徳太子《しょうとくたいし》と物部氏《もののべし》

用明天皇《ようめいてんのう》の第《だい》二皇子《おうじ》として、厩戸皇子《うまやどのおうじ》（聖徳太子《しょうとくたいし》）が生《う》まれたころ、朝廷《ちょうてい》では、二大勢力《だいせいりょく》があらそっていました。

蘇我氏《そがし》は、飛鳥地方《あすかちほう》の渡来人《とらいじん》（中国大陸《ちゅうごくたいりく》および朝鮮半島《ちょうせんはんとう》から日本《にほん》にわたってきた人々《ひとびと》）集団《しゅうだん》の力《ちから》を背景《はいけい》にして、朝廷《ちょうてい》の財政《ざいせい》をあずかるなど、強大《きょうだい》な権力《けんりょく》をにぎっていました。中国《ちゅうごく》からわたってきた仏教《ぶっきょう》を熱心《ねっしん》に信奉《しんぽう》していた蘇我一族《そがいちぞく》をひきいていたのは、蘇我馬子《そがのうまこ》でした。

一方《いっぽう》、ライバルの物部氏《もののべし》は、古《ふる》くから大和《やまと》に土着《どちゃく》していた豪族《ごうぞく》で、

「仏教《ぶっきょう》など、信《しん》じてはならん。もともと信《しん》じてきた日本《にほん》の神々《かみがみ》をまつるべきだ」

と主張《しゅちょう》していました。物部氏《もののべし》をひきいていたのは、物部守屋《もののべのもりや》でした。

病弱《びょうじゃく》だった用明天皇《ようめいてんのう》が死《し》ぬと、馬子《うまこ》と守屋《もりや》は、つぎの天皇《てんのう》をだれにするかで、対立《たいりつ》し、ついに戦争《せんそう》になります。

そのころ、十四歳《さい》だった厩戸皇子《うまやどのおうじ》は、「わが国《くに》をよりよい方向《ほうこう》にみちびくには、仏教《ぶっきょう》を信仰《しんこう》することだ」と考《かんが》え、蘇我氏《そがし》のほうにつきます。

厩戸皇子《うまやどのおうじ》がついたことで、大伴《おおとも》、巨勢《こせ》といった有力《ゆうりょく》な豪族《ごうぞく》たちが、蘇我氏《そがし》につき、馬子《うまこ》と守屋《もりや》の戦争《せんそう》は、馬子《うまこ》の大勝利《だいしょうり》に終《お》わります。守屋《もりや》は戦死《せんし》し、物部《もののべ》氏《し》はほろびます。

厩戸皇子《うまやどのおうじ》は、西暦《せいれき》五九三年《ねん》に、日本《にほん》ではじめての女帝《じょてい》、推古天皇《すいこてんのう》の皇太子《こうたいし》、聖徳太子《しょうとくたいし》として、天皇《てんのう》の摂政《せっしょう》になります。

遣隋使《けんずいし》を派遣《はけん》したり、冠位十二階《かんいじゅうにかい》、十七条憲法《じゅうしちじょうけんぽう》を制定《せいてい》したりして、聖徳太子《しょうとくたいし》の新政《しんせい》をおこないました。

コラム②

歌《うた》にみられる、ふたりの人柄《ひとがら》

柿本人麻呂《かきのもとのひとまろ》と山上憶良《やまのうえのおくら》

柿本人麻呂《かきのもとのひとまろ》と山上憶良《やまのうえのおくら》は、七世紀《せいき》から八世紀《せいき》にかけて編《あ》まれ四百以上《いじょう》の歌《うた》が収録《しゅうろく》される、日本最古《にほんさいこ》の歌集《かしゅう》『万葉集《まんようしゅう》』を代表《だいひょう》する歌人《かじん》でした。しかし、ふたりの生《い》き方《かた》と歌風《かふう》は、まったく対照的《たいしょうてき》で、まさに「歌人《かじん》のライバル」と呼《よ》ぶのにふさわしい間柄《あいだがら》でした。

人麻呂《ひとまろ》は、天武天皇《てんむてんのう》と妻《つま》の持統天皇《じとうてんのう》につかえた宮廷歌人《きゅうていかじん》でした。宮廷歌人《きゅうていかじん》とは、天皇家《てんのうけ》がおこなう儀式《ぎしき》のさいに、天皇《てんのう》をほめたたえたり、皇族《こうぞく》の和歌《わか》の代《だい》作《さく》をする役職《やくしょく》です。あらそいごとを好《この》まない、温厚《おんこう》な性格《せいかく》の人麻呂《ひとまろ》は、その役《やく》目《め》をみごとにつとめました。

――近江《おうみ》の海《うみ》　夕波千鳥《ゆうなみちどり》　汝《な》が鳴《な》けば　こころもしのに　いにしへ思《おも》ふ

（近江《おうみ》の海《うみ》で夕波千鳥《ゆうなみちどり》が鳴《な》けば、心《こころ》がしめつけられて、昔《むかし》のことがしのばれる）

このように、格調《かくちょう》の高《たか》い重厚《じゅうこう》な作風《さくふう》の歌《うた》がたくさんのこっています。

一方《いっぽう》、山上憶良《やまのうえのおくら》は、短気《たんき》で、おひとよしで、きまじめすぎる性格《せいかく》でした。四十二歳《さい》で遣唐使《けんとうし》になり、東宮《とうぐう》（皇太子《こうたいし》のこと）の教育係《きょういくがかり》をへて、六十六歳《さい》で、*筑前守《ちくぜんのかみ》となりました。

民衆《みんしゅう》の暮《く》らしが苦《くる》しいことに共感《きょうかん》し、「風交《かぜま》じり　雨降《あめふ》る夜《よる》の　雨《あめ》まじり　雪降《ゆきふ》る夜《よる》はすべもなく……」にはじまる「貧窮問答歌《ひんきゅうもんどうか》」には、憶良《おくら》の人間《にんげん》に対《たい》する思《おも》いやりにみちた性格《せいかく》があらわれています。

――憶良《おくら》らは　今《いま》はまからむ　子泣《こな》くらむ　それその母《はは》も吾《わ》を待《ま》つらむそ

（わたし、憶良《おくら》はそろそろ帰《かえ》ります。家《いえ》では、子《こ》どもも、妻《つま》も、わたしを待《ま》っております）

この歌《うた》にも、憶良《おくら》の人柄《ひとがら》がにじみでていますね。

＊筑前守《ちくぜんのかみ》……筑前国《ちくぜんのくに》（現在《げんざい》の福岡県西部《ふくおかけんせいぶ》あたり）を治《おさ》めていた長官《ちょうかん》。

第《だい》二章《しょう》

仏教《ぶっきょう》の正統《せいとう》をあらそう
最澄《さいちょう》と空海《くうかい》

——わが弟子《でし》よ、はやく、*1比叡山《ひえいざん》にもどっておくれ。

最澄《さいちょう》は、*2高野山《こうやさん》にいる弟子《でし》の泰範《たいはん》に、せっせつと文《ふみ》を送《おく》りました。

——泰範《たいはん》よ。わたしは、泣《な》きの涙《なみだ》で、そなたの帰《かえ》りを待《ま》っておる……。

文《ふみ》を受《う》けとった泰範《たいはん》は、空海《くうかい》に、それをみせました。

「もどりたいか、泰範《たいはん》」

空海《くうかい》はたずねました。

「いいえ。わたしはもどりません。最澄師《さいちょうし》の教《おし》えられる天台宗《てんだいしゅう》よりも、ここで学《まな》ぶ真言密教《しんごんみっきょう》のほうがすぐれていると思《おも》うからです」

泰範《たいはん》が言《い》うと、空海《くうかい》はうなずきました。

「ならば、わたしがそなたにかわって、最澄《さいちょう》どのに、文《ふみ》を書《か》こう」

*1 比叡山《ひえいざん》……滋賀県《しがけん》と京都府《きょうとふ》にまたがる山《やま》。 *2 高野山《こうやさん》……和歌山県北部《わかやまけんほくぶ》にある山《やま》。

――泰範《たいはん》は比叡山《ひえいざん》にもどりませぬ。天台宗《てんだいしゅう》よりも、真言密教《しんごんみっきょう》のほうがすぐれているからです。

空海《くうかい》の文《ふみ》を受《う》けとった最澄《さいちょう》は、がっくりと、肩《かた》をおとしました。

「もどらぬのか、泰範《たいはん》」

比叡山《ひえいざん》にいる多《おお》くの弟子《でし》のなかで、泰範《たいはん》はとびきり、すぐれた弟子《でし》で、その弟子《でし》を失《うしな》うのは、最澄《さいちょう》にとって、つらいことでした。同時《どうじ》に、天台宗《てんだいしゅう》よりも、真言密教《しんごんみっきょう》のほうがすぐれていると、弟子《でし》の泰範《たいはん》に言《い》われたことが、くやしくてなりませんでした。

比叡山延暦寺《ひえいざんえんりゃくじ》で、天台宗《てんだいしゅう》をひらいた最澄《さいちょう》。

高野山金剛峰寺《こうやさんこんごうぶじ》で、真言宗《しんごんしゅう》をひらいた空海《くうかい》。

奈良時代《ならじだい》に生《う》まれて、同《おな》じ時期《じき》に、中国《ちゅうごく》(当時《とうじ》の国名《こくめい》は唐《とう》)へわたって仏教《ぶっきょう》を学《まな》び、日本《にほん》に帰《かえ》って、ひたすら仏《ほとけ》の道《みち》をきわめようとした、最澄《さいちょう》と空海《くうかい》。日本《にほん》の仏教界《ぶっきょうかい》において、高《たか》らかにそびえる、このふたりは、まさしく永遠《えいえん》のライバルでした。

最澄《さいちょう》は、神護景雲元年《じんごけいうんがんねん》(七六七)、八月《がつ》十八日《にち》、近江国《おうみのくに》に生《う》まれました。

幼名《ようみょう》を広野《ひろの》といい、七歳《さい》のころから、陰陽《いんよう》(この世《よ》のすべてを陰《いん》と陽《よう》に分類《ぶんるい》する、中国《ちゅうごく》からきた思想《しそう》）、医術《いじゅつ》を学《まな》び、十二歳《さい》のときに、近江国分寺《おうみこくぶんじ》に入《はい》って、行表《ぎょうひょう》の弟子《でし》となり、十五歳《さい》で、国分寺《こくぶんじ》の僧《そう》となり、最澄《さいちょう》と名《な》のるようになりました。

延暦四年《えんりゃくねん》（七八五）、十九歳《さい》で、東大寺《とうだいじ》にて受戒《じゅかい》（仏教徒《ぶっきょうと》が守《まも》るべき、きまりを受《う》けること）し、国家《こっか》がみとめる正式《せいしき》な僧侶《そうりょ》となりました。

しかし、最澄《さいちょう》には、そのころの仏教《ぶっきょう》は、もっともたいせつなことをわすれているように思《おも》われました。

「修行《しゅぎょう》を積《つ》めば、仏《ほとけ》になれる人《ひと》もいるし、どうしても仏《ほとけ》になれない人《ひと》もいる」

当時《とうじ》の奈良仏教《ならぶっきょう》（奈良時代《ならじだい》に栄《さか》えた仏教《ぶっきょう》の六《むっ》つの宗派《しゅうは》のこと）では、そうした考《かんが》えが、主流《しゅりゅう》だったからです。

（それは、おかしい。仏教《ぶっきょう》というのは、そんなふうに、人《ひと》を分《わ》けへだてするものではないのではないか）

そう思《おも》っていた最澄《さいちょう》は、ある日《ひ》、寺《てら》の奥《おく》にしまわれていた中国天台宗《ちゅうごくてんだいしゅう》の経典《きょうてん》をみつけました。そこに書《か》かれている教《おし》えに、最澄《さいちょう》は、目《め》がひらかれる思《おも》いをいだきました。

——人《ひと》は、だれでも、平等《びょうどう》に仏《ほとけ》になれる。

そこには、そう書《か》かれていたのです。

「これだ」

最澄《さいちょう》は、自分《じぶん》がさがし求《もと》めていた教《おし》えが、ここにあると感《かん》じました。

「わたしは、この教《おし》えをきわめなくてはならない」

奈良《なら》の寺《てら》を飛《と》びだして、最澄《さいちょう》は、比叡山《ひえいざん》にこもって、修行《しゅぎょう》したあと、延暦《えんりゃく》二十三年《ねん》（八〇四）、遣唐使《けんとうし》の第《だい》二船《せん》に乗《の》って、唐《とう》へわたりました。

奇《く》しくも、偶然《ぐうぜん》に、同《おな》じ遣唐使《けんとうし》の第一船《だいいっせん》に、そのころはまだ無名《むめい》の僧《そう》、空海《くうかい》が乗《の》っていました。

空海《くうかい》は、宝亀《ほうき》五年《ねん》（七七四）、*讃岐国《さぬきのくに》に、郡司《ぐんじ》の佐伯直田公《さえきのあたいたきみ》の子《こ》として、生《う》まれました。

幼名《ようめい》は、真魚《まお》。

延暦《えんりゃく》七年《ねん》（七八八）、十五歳《さい》のときに、平城京《へいじょうきょう》にのぼりました。

もともと空海《くうかい》は、僧侶《そうりょ》をめざしてはいませんでした。十八歳《さい》のときには、都《みやこ》の大学《だいがく》に入《はい》って、役人《やくにん》への道《みち》を歩《あゆ》もうとしていました。しかし、大学《だいがく》での勉学《べんがく》には、どうしてもあきたらないものを、感《かん》じてしまったのです。

（ちがう。わたしの学《まな》ぶべきものは、これではない）

空海《くうかい》は悩《なや》みました。

＊讃岐国《さぬきのくに》……現在《げんざい》の香川県《かがわけん》のあたり。

（では、わたしはどうすればいいのか……）

あるべき自分《じぶん》の生《い》き方《かた》をさがしていた空海《くうかい》は、ひとりの僧侶《そうりょ》、勤操《ごんそう》と出会《であ》ったのです。勤操《ごんそう》は、空海《くうかい》に告《つ》げました。

「よいか、仏教《ぶっきょう》には、ふしぎな力《ちから》をもつ教《おし》えがある」

「ふしぎな力《ちから》？」

「そうじゃ。虚空蔵求聞持法《こくぞうぐもんじほう》という行法《ぎょうほう》でな。虚空蔵菩薩《こくぞうぼさつ》の真言《しんごん》を百万《まん》べんとなえるという修行《しゅぎょう》じゃ。それを習得《しゅうとく》すれば、記憶力《きおくりょく》が信《しん》じられないほどに増大《ぞうだい》する」

空海《くうかい》は、よろこびました。

（それだ、その虚空蔵求聞持法《こくぞうぐもんじほう》を、わたしは学《まな》ぼう）

そう決意《けつい》した空海《くうかい》は、大学《だいがく》を飛《と》びだして、山林《さんりん》での修行《しゅぎょう》に入《はい》りました。

毎日《まいにち》、毎日《まいにち》、四国《しこく》の大滝岳《だいりゅうだけ》や室戸岬《むろとみさき》の御蔵洞《みくらどう》などで、寝食《しんしょく》をわすれて、虚空蔵菩薩《こくぞうぼさつ》の真言《しんごん》をとなえつづける、はげしい荒行《あらぎょう》にうちこみました。そして、御蔵洞《みくらどう》で、真言《しんごん》を一日《にち》二万回《まんかい》、五十日《にち》となえる修行《しゅぎょう》をはじめ、ついに五十日《にち》めに、虚空蔵菩薩《こくぞうぼさつ》の真言《しんごん》を百万《まん》べん、となえ終《お》えました。

そのときでした。

「あっ」

虚空蔵菩薩《こくぞうぼさつ》の化身《けしん》とされる暁《あかつき》の明星《みょうじょう》が、空《そら》から飛来《ひらい》して、口《くち》に飛《と》びこんできたのです。そのとき、目《め》の前《まえ》にみえていたものは、かぎりない空《そら》と海《うみ》でした。

「とうとう、わたしは宇宙《うちゅう》の真理《しんり》に近《ちか》づき、自然《しぜん》と一体《いったい》になったのだ。よし、わたしは、これからは空海《くうかい》と名《な》のろう」

空海《くうかい》は、三十一歳《さい》で、東大寺《とうだいじ》で受戒《じゅかい》したのち、延暦《えんりゃく》二十三年《ねん》（八〇四）、遣唐使《けんとうし》とともに留学《るがく》生《しょう》として、唐《とう》にわたりました。

最澄《さいちょう》は、唐《とう》にわたると、天台山《てんだいさん》に入《はい》りました。そして、仏教《ぶっきょう》の古典《こてん》ともいうべき、天台宗《てんだいしゅう》を熱心《ねっしん》に学《まな》んだのです。

九か月《げつ》のあいだに、最澄《さいちょう》は、天台宗《てんだいしゅう》のほか、禅《ぜん》や密教《みっきょう》も学《まな》び、あくる延暦《えんりゃく》二十四年《ねん》（八〇五）の七月《がつ》に、日本《にほん》へもどりました。

もちかえった経典《きょうてん》は、二百三十部《ぶ》、四百六十巻《かん》におよびました。

最澄《さいちょう》は、桓武天皇《かんむてんのう》に支持《しじ》されて、天台宗《てんだいしゅう》を、奈良仏教《ならぶっきょう》とならぶ国家公認《こっかこうにん》の宗派《しゅうは》とすることに成《せい》功《こう》しました。

しかし、このころ、桓武天皇《かんむてんのう》は、重《おも》い病《やまい》にかかったのです。

「最澄《さいちょう》よ、加持祈禱《かじきとう》によって、わが病魔《びょうま》を退散《たいさん》させてくれ」

桓武天皇《かんむてんのう》は、最澄《さいちょう》にたのみました。

（加持祈禱《かじきとう》か……）

加持祈禱《かじきとう》（病気《びょうき》や災難《さいなん》をはらうためにおこなう祈《いの》りや儀式《ぎしき》）をおこなうことは、ほんらいの天《てん》台宗《だいしゅう》の教《おし》えにはないことでした。それは、密教《みっきょう》の行法《ぎょうほう》であり、最澄《さいちょう》は、帰国寸前《きこくすんぜん》に、ほんのすこしだけしか密教《みっきょう》を学《まな》んでいませんでした。

（あれをおこなうのか。しかし、わたしはそれをよく知《し》らないのに……）

それでも、最澄《さいちょう》は、けんめいに祈《いの》りました。

――なにとぞ、桓武天皇《かんむてんのう》の病《やまい》が癒《い》やされますように。病魔《びょうま》よ、ただちに、退散《たいさん》せよ……。

しかし、祈《いの》っても、祈《いの》っても、効果《こうか》はなく、桓武天皇《かんむてんのう》の病《やまい》はますます重《おも》くなり、ついには亡《な》くなってしまいました。

「わたしの祈禱《きとう》では、だめだったか」

最澄《さいちょう》は、気《き》おちしました。

「わたしは、天台《てんだい》の教《おし》えこそ、もっともたいせつなものだと思《おも》った。だからこそ、唐《とう》では、密教《みっきょう》をあまり学《まな》ぶことをしなかった。それがいけなかったのだろうか」

最澄《さいちょう》は落胆《らくたん》して、思《おも》いました。

(密教《みっきょう》を学《まな》ばなくてはならないのだろうか)

密教《みっきょう》を学《まな》んだ空海《くうかい》が、日本《にほん》へもどってきたのは、ちょうどそのころでした。


唐《とう》へわたった空海《くうかい》が、まず向《む》かったのは、都《みやこ》の長安《ちょうあん》(いまの西安《せいあん》)でした。

そのころ、長安《ちょうあん》では、最新《さいしん》の仏教《ぶっきょう》として、密教《みっきょう》がもてはやされていました。密教《みっきょう》は、師《し》から弟《で》子《し》へ、一対一《いちたいいち》でしかつたえられない教《おし》えであり、長年修行《ながねんしゅぎょう》したものにしか、伝授《でんじゅ》されないことになっていました。

空海《くうかい》は、西明寺《さいみょうじ》に住《す》みこんで、サンスクリット語《ご》を学《まな》んだあと、当時《とうじ》の密教《みっきょう》の師《し》としては、最《さい》高《こう》の地位《ちい》にあった、青龍寺《せいりゅうじ》の恵果《けいか》に教《おし》えをこいました。

長年《ながねん》、山林《さんりん》で荒行《あらぎょう》を積《つ》み、サンスクリット語《ご》を身《み》につけていた空海《くうかい》を、恵果《けいか》は、

「そなたには、力《ちから》がある」

と、みとめたのです。

恵果《けいか》のもとで、一対一《いちたいいち》で、空海《くうかい》は、密教《みっきょう》を学《まな》びました。

「密教《みっきょう》とは、大日如来《だいにちにょらい》の教《おし》えじゃ。曼荼羅《まんだら》とは、大日如来《だいにちにょらい》の教《おし》えである大宇宙《だいうちゅう》の真理《しんり》を、図絵《ずえ》で

あらわしたものじゃ……」

半年《はんとし》のあいだ、恵果《けいか》はつきっきりで、空海《くうかい》に密教《みっきょう》の奥義《おうぎ》をつたえていきました。そして、十二月《がつ》十五日《にち》、恵果《けいか》は死《し》の床《とこ》についたのです。

「空海《くうかい》よ、もうそなたに教《おし》えることはない。日本《にほん》へもどって、真言密教《しんごんみっきょう》をひろめるがいい」

そして、恵果《けいか》は最期《さいご》に言《い》いました。

「わたしは生《う》まれ変《か》わって、今度《こんど》はそなたの弟子《でし》となろう」

空海《くうかい》は涙《なみだ》を流《なが》して、師《し》との別《わか》れを惜《お》しみました。

「ありがとうございます、わが師《し》よ」


そして、唐《とう》にわたって二年後《ねんご》、大同元年《だいどうがんねん》（八〇六）、二百十六部《ぶ》、四百六十一巻《かん》の経典《きょうてん》や、曼荼羅《まんだら》、法具《ほうぐ》をたずさえ、空海《くうかい》は日本《にほん》にもどってきたのです。

「日本《にほん》へ帰《かえ》ってきたぞ。わたしが学《まな》んだ密教《みっきょう》をひろめよう」

大同《だいどう》四年《ねん》（八〇九）、空海《くうかい》は、*高雄山寺《たかおさんじ》（いまの高雄山神護寺《たかおさんじんごじ》）に住《す》みつき、密教《みっきょう》を布教《ふきょう》しようと動《うご》きだしました。

弘仁元年《こうにんがんねん》（八一〇）、朝廷《ちょうてい》で、藤原薬子《ふじわらのくすこ》による「薬子《くすこ》の変《へん》」が起《お》きました。この乱《らん》をしずめる

＊高雄山《たかおさん》……京都《きょうと》にある山《やま》。

ために、空海《くうかい》は、嵯峨天皇《さがてんのう》にもうしでて、加持祈禱《かじきとう》をおこないました。

「しずまれ、乱《らん》よ。しずまれ、世《よ》よ」

祈禱《きとう》の霊験《れいげん》はあらたかで、乱《らん》はしずまりました。

このときから、空海《くうかい》は、朝廷《ちょうてい》で重《おも》くもちいられるようになったのです。

最澄《さいちょう》は、密教《みっきょう》を学《まな》んだ空海《くうかい》のことを知《し》ると、手紙《てがみ》を送《おく》って、密教《みっきょう》の経典《きょうてん》をかりたいと、もうしこみました。

空海《くうかい》は、こころよく経典《きょうてん》十二部《ぶ》をかしました。しかし、密教《みっきょう》の奥義《おうぎ》は、それらには書《か》かれていなかったのです。

(どうしても、奥義《おうぎ》が知《し》りたい)

そう考《かんが》えた最澄《さいちょう》は、ついに、空海《くうかい》に頭《あたま》をさげることにしました。

「空海《くうかい》どの、どうぞ、わたくしに、密教《みっきょう》の手《て》ほどきをしてくだされ」

弘仁《こうにん》三年《ねん》(八一二)、最澄《さいちょう》は、空海《くうかい》に、密教《みっきょう》の教《おし》えをこいました。まさに、仏教界《ぶっきょうかい》の頂点《ちょうてん》に立《た》つ、天下《てんか》の高僧《こうそう》である最澄《さいちょう》が、空海《くうかい》に、弟子《でし》の礼《れい》をとったのです。

いまも神護寺《じんごじ》には、空海《くうかい》が密教《みっきょう》の手《て》ほどきをおこなったときの、弟子《でし》の名簿《めいぼ》がのこっていて、そこに、最澄《さいちょう》の名《な》が記《しる》されています。

しかし、最澄《さいちょう》と空海《くうかい》の交友《こうゆう》は、長《なが》くはつづかなかったのです。

「ぜひ、真言密教《しんごんみっきょう》を理解《りかい》するために、『理趣釈経《りしゅしゃくきょう》』を、かしていただきたい」

最澄《さいちょう》は、空海《くうかい》にたのみこみました。

だが、空海《くうかい》は、ことわりました。

「それは、できない」

『理趣経《りしゅきょう》』は、大日如来《だいにちにょらい》が、おおいなる知恵《ちえ》の道理《どうり》を説《と》いたもので、「すべての存在《そんざい》が、それ自身《じしん》、きよらかなものである」とする、真言密教《しんごんみっきょう》の究極《きゅうきょく》の教《おし》えでした。そして、『理趣釈経《りしゅしゃくきょう》』は、『理趣経《りしゅきょう》』とは、いかなる教《おし》えなのか、それをくわしく注釈《ちゅうしゃく》している書《しょ》でした。

「最澄《さいちょう》どの」

空海《くうかい》は、文《ふみ》で、最澄《さいちょう》にこう書《か》きました。

「ほんとうに密教《みっきょう》を学《まな》びたいのなら、わたしの道場《どうじょう》へきて、真言密教《しんごんみっきょう》の修行《しゅぎょう》をしたら、いかがかな」

この誘《さそ》いを、最澄《さいちょう》はことわり、かわりに、弟子《でし》たちを、空海《くうかい》の道場《どうじょう》へ送《おく》りこむことにしました。

しかし、このことが、ふたりの仲《なか》を、決定的《けっていてき》にひきさいてしまうことになったのです。最澄《さいちょう》がもっとも期待《きたい》していた弟子《でし》である泰範《たいはん》が、そむいてしまったのです。

「はやく、帰《かえ》るように」

最澄《さいちょう》は手紙《てがみ》をだしましたが、泰範《たいはん》がもどることはありませんでした。

気《き》おちした最澄《さいちょう》は、気《き》をとりなおし、全国《ぜんこく》をまわって、天台宗《てんだいしゅう》をひろめていこうとしました。

そして、正式《せいしき》に僧侶《そうりょ》の資格《しかく》を認定《にんてい》することができるように、比叡山《ひえいざん》に、戒壇《かいだん》（戒律《かいりつ》を授《さず》ける場《ば》のこと）を設立《せつりつ》したいと、朝廷《ちょうてい》にはたらきかけました。

嵯峨天皇《さがてんのう》は、奈良仏教《ならぶっきょう》の高僧《こうそう》たちに、意見《いけん》を求《もと》めました。

「最澄《さいちょう》が、こう言《い》ってきているが、どう思《おも》うか」

しかし、奈良仏教《ならぶっきょう》は、はげしく反対《はんたい》しました。

「なりませぬ。もってのほかです」

鑑真《がんじん》の渡来《とらい》によって確立《かくりつ》した制度《せいど》では、授戒《じゅかい》をおこなえるのは、東大寺《とうだいじ》、下野薬師寺《しもつけやくしじ》、筑紫観世音寺《つくしかんぜおんじ》の、天下《てんか》三戒壇《かいだん》と呼《よ》ばれる戒壇《かいだん》をそなえた寺《てら》だけでした。奈良仏教《ならぶっきょう》は、この権限《けんげん》をひとりじめしようとしたのです。

「おろかな。なぜ、比叡山《ひえいざん》には、それがゆるされないのか」

最澄《さいちょう》は、けんめいに、戒壇設立《かいだんせつりつ》をうったえつづけました。

しかし、その願《ねが》いもむなしく、弘仁《こうにん》十三年《ねん》（八二二）に、最澄《さいちょう》は、比叡山《ひえいざん》で、多《おお》くの弟子《でし》たちにかこまれて、五十六年《ねん》の生涯《しょうがい》を終《お》えたのです。

そして、設立《せつりつ》の願《ねが》いがかなったのは、最澄《さいちょう》の死後《しご》、七日目《なのかめ》のことでした。

――だれもが、仏《ほとけ》になれる。出家《しゅっけ》したものも、在家《ざいけ》のものも、だれもが、仏《ほとけ》になれる。

死後《しご》、「伝教大師《でんぎょうだいし》」と呼《よ》ばれるようになった最澄《さいちょう》がひろめた、この教《おし》えを、比叡山《ひえいざん》の延暦寺《えんりゃくじ》で、多《おお》くの僧侶《そうりょ》が学《まな》びました。そのなかから、ぞくぞくと、日本仏教界《にほんぶっきょうかい》をリードする、すぐれた僧侶《そうりょ》があらわれてきました。

浄土真宗《じょうどしんしゅう》の親鸞《しんらん》、曹洞宗《そうとうしゅう》の道元《どうげん》、日蓮宗《にちれんしゅう》の日蓮《にちれん》らが、まさしく最澄《さいちょう》の教《おし》えのもとから、旅立《たびだ》っていったのです。


泰範《たいはん》のことで、最澄《さいちょう》と決別《けつべつ》した空海《くうかい》は、弘仁七年《こうにんねん》(八一六)、高野山《こうやさん》を朝廷《ちょうてい》からたまわりました。

「修行《しゅぎょう》にぴったりの場《ば》だ」

空海《くうかい》は、ここに金剛峰寺《こんごうぶじ》をひらき、真言密教《しんごんみっきょう》の修行《しゅぎょう》のための道場《どうじょう》としました。

弘仁十三年《こうにんねん》(八二二)には、東大寺《とうだいじ》に密教《みっきょう》の儀式《ぎしき》である灌頂《かんじょう》をおこなう道場《どうじょう》をつくり、平城上皇《へいぜいじょうこう》にその儀式《ぎしき》をおこないました。あくる年《とし》には、東寺《とうじ》をたまわり、新《あたら》しい密教寺院《みっきょうじいん》としました。

こうして空海《くうかい》は、高野山《こうやさん》には、密教《みっきょう》の修行道場《しゅぎょうどうじょう》をもうけ、都《みやこ》には、密教布教《みっきょうふきょう》の寺院《じいん》をもうけるという、これまでになかった、新《あたら》しい布教《ふきょう》スタイルを確立《かくりつ》したのです。

「雨《あめ》よ、降《ふ》れ」

天長《てんちょう》二年《ねん》（八二五）には、京《きょう》の神泉苑《しんせんえん》で、雨《あま》ごいの修法《しゅほう》をおこなって、かんばつにあえぐ人々《ひとびと》を助《たす》けました。

天長《てんちょう》四年《ねん》（八二七）、大僧都《だいそうず》に任《にん》じられた空海《くうかい》は、庶民《しょみん》のための教育機関《きょういくきかん》、綜芸種智院《しゅげいしゅちいん》を設立《せつりつ》したり、讃岐《さぬき》の満濃池《まんのういけ》を築《きず》いたりしました。

全国《ぜんこく》を行脚《あんぎゃ》して、「弘法大師《こうぼうだいし》」と呼《よ》ばれるようになった空海《くうかい》の伝説《でんせつ》には、さまざまなものがありますが、そのひとつに、「同行二人《どうぎょうににん》」というものがあります。

四国遍路《しこくへんろ》の笠《かさ》に記《しる》されているそのことばは、巡礼者《じゅんれいしゃ》といっしょに、弘法大師《こうぼうだいし》が札所《ふだしょ》をめぐってくださる、というものです。

そして、いまもこの伝説《でんせつ》は生《い》きています。

四国《しこく》を遍路《へんろ》する人《ひと》は、

「わたしはいま、ひとりではない。いっしょに、弘法大師《こうぼうだいし》さまが、歩《ある》いていてくださるのだ」

と、信《しん》じているのです。

第《だい》三章《しょう》

一番《いちばん》はどっち？清《せい》少《しょう》納《な》言《ごん》と紫《むらさき》式《しき》部《ぶ》

「すべて、人《ひと》からは、一番《ばん》に好《す》かれなくちゃ。二番《ばん》、三番《ばん》になるくらいなら、ひどくきらわれたほうがまし。とにかく一番《ばん》でなくちゃ」

これが、清少納言《せいしょうなごん》のモットーでした。

――すべて人《ひと》に一《いち》に思《おも》はれずは、なににかはせむ。ただ、いみじう、なかなかにくまれ、あしうせられてあらむ。二、三にては、死《し》ぬともあらじ。一《いち》にてをあらむ。

『枕草子《まくらのそうし》』に、こう書《か》いた清少納言《せいしょうなごん》は、正暦《しょうりゃく》四年《ねん》（九九三）、一条天皇《いちじょうてんのう》の后《きさき》である定子《ていし》につかえる女房《にょうぼう》（侍女《じじょ》）として、宮廷《きゅうてい》に登場《とうじょう》しました。彼女《かのじょ》は、頭《あたま》の回転《かいてん》が速《はや》く、才気《さいき》にみちあふれて、とにかく、めだつのが大《だい》好《す》きでした。

これにくらべると、紫式部《むらさきしきぶ》は、ぐっとひかえめでした。

「すべて女性《じょせい》は、なによりもおだやかで、ゆったりしたこころもちで、おちついているのが、品《ひん》位《い》と風《ふ》情《ぜい》を感《かん》じさせるものです」

紫式部《むらさきしきぶ》は、女《おんな》の理《り》想《そう》の姿《すがた》はこうあるべきと、『紫式部日記《むらさきしきぶにっき》』に書《か》いています。

――すべて人《ひと》は、おいらかに、すこしこころおきて、のどかに落《お》ち居《い》ぬるを、本《もと》としてこそ、ゆえもよしも、おかしくこころやすけれ。

寛弘《かんこう》二年《ねん》（一〇〇五）ごろに、一条天皇《いちじょうてんのう》のもうひとりの后《きさき》である彰子《しょうし》につかえ、『源氏物語《げんじものがたり》』を書《か》きあげた紫式部《むらさきしきぶ》は、めだつことがきらいでした。自分《じぶん》の才能《さいのう》をひけらかすことなく、とにかく、ひかえめに、ひかえめにしているのが、彼女《かのじょ》の生《い》き方《かた》だったのです。

平安時代《へいあんじだい》のほぼ同《おな》じ時期《じき》に、宮廷《きゅうてい》で活躍《かつやく》した、ふたりの才女《さいじょ》。随筆集《ずいひつしゅう》『枕草子《まくらのそうし》』を書《か》いた清少納言《せいしょうなごん》と、長編恋愛小説《ちょうへんれんあいしょうせつ》『源氏物語《げんじものがたり》』を書《か》いた紫式部《むらさきしきぶ》は、まさしく、永遠《えいえん》のライバルでした。

康保《こうほう》三年《ねん》（九六六）ごろ、清少納言《せいしょうなごん》は、『後撰和歌集《ごせんわかしゅう》』を撰《せん》した、高名《こうみょう》な歌人《かじん》で、*周防守《すおうのかみ》の清《きよ》原元輔《はらのもとすけ》のむすめとして、生《う》まれました。

＊周防守《すおうのかみ》……周防国《すおうのくに》（現在《げんざい》の山口県東南部《やまぐちけんとうなんぶ》あたり）の長官《ちょうかん》。

天元《てんげん》四年《ねん》（九八一）、*1陸奥守《むつのかみ》の橘則光《たちばなののりみつ》と結婚《けっこん》しますが、勝気《かちき》な性格《せいかく》から、夫《おっと》と口《くち》げんかがたえず、すぐ離婚《りこん》しました。そのあと、正暦《しょうりゃく》二年《ねん》（九九一）に、父《ちち》ほども年《とし》のちがう藤原棟世《ふじわらのむねよ》と再婚《さいこん》しますが、別居《べっきょ》します。

「下《した》っぱ貴族《きぞく》の、妻《つま》なんかで、一生《いっしょう》を終《お》わりたくないわ」

清少納言《せいしょうなごん》は子《こ》どもとも別《わか》れて、二十代後半《だいこうはん》で、念願《ねんがん》の宮廷入《きゅうていい》りをはたします。関白《かんぱく》として、宮廷《きゅうてい》第一《だいいち》の権力者《けんりょくしゃ》であった藤原道隆《ふじわらのみちたか》のむすめで、一条天皇《いちじょうてんのう》の后《きさき》である定子《ていし》につかえるようになるのです。

「道隆《みちたか》さまが、男《おとこ》では一番《ばん》。定子《ていし》さまが、女《おんな》では一番《ばん》よ」

一番《ばん》が大好《だいす》きな清少納言《せいしょうなごん》は、はなやかな宮廷《きゅうてい》サロンの日々《ひび》を謳歌《おうか》し、女性《じょせい》らしい、細《こま》やかな、するどい感覚《かんかく》で、『枕草子《まくらのそうし》』を、ほこらしげにつづっていきました。

なんにつけても、うてばひびくような才女《さいじょ》であり、機転《きてん》のきく清少納言《せいしょうなごん》のことを、定子《ていし》は、多《おお》くの女官《にょかん》のなかでも、「一番《ばん》」に気《き》に入《い》るようになりました。

ある雪《ゆき》の日《ひ》のことでした。

「少納言《しょうなごん》よ、*2香炉峰《こうろほう》の雪《ゆき》はいかに？」

定子《ていし》は、なぞめいた問《と》いを、清少納言《せいしょうなごん》にしました。その場《ば》にいた女官《にょかん》たちは、みな、きょとん

*1 陸奥守《むつのかみ》……陸奥国《むつのくに》（現在《げんざい》の東北地方《とうほくちほう》の大部分《だいぶぶん》）の長官《ちょうかん》。 *2 香炉峰《こうろほう》……中国《ちゅうごく》にある山《やま》。

としました。

（いったい、中宮《ちゅうぐう》さまは、なにをたずねられているのだろう？）

すると、清少納言《せいしょうなごん》は、だまって、御簾《みす》を巻《ま》きあげたのです。

「ふふ」

定子《ていし》は、自分《じぶん》のなぞを、うまくきりかえした清少納言《せいしょうなごん》の機知《きち》に感心《かんしん》して、ほほえみました。

中唐《ちゅうとう》の詩人《しじん》、白居易《はくきょい》（白楽天《はくらくてん》）の『白氏文集《はくしもんじゅう》』に、

――*遺愛寺《いあいじ》の鐘《かね》は、枕《まくら》をそばだてて聴《き》き、香炉峰《こうろほう》の雪《ゆき》は、簾《すだれ》をかかげて看《み》る。

（遺愛寺《いあいじ》の鐘《かね》は、横《よこ》たわったまま、枕《まくら》をななめに立《た》てて聴《き》き入《い》り、香炉峰《こうろほう》の雪《ゆき》は、簾《すだれ》を巻《ま》きあげて、ながめている）

という詩《し》があります。わが国《くに》でもひろく知《し》られているその漢詩《かんし》を、清少納言《せいしょうなごん》は、あえて口《くち》にすることなく、そのかわりに、だまって、御簾《みす》を巻《ま》きあげ、降《ふ》りしきっている外《そと》の雪景色《ゆきげしき》を、定子《ていし》にみせたのです。

女官《にょかん》たちは、口々《くちぐち》にほめたたえました。

「その詩《し》は、わたしだって、知《し》っていたわ。けれど、どうすればよいのか、とっさに、思《おも》いつかなかったわ」

＊遺愛寺《いあいじ》……香炉峰《こうろほう》のあたりにあった寺《てら》。

「やはり、清少納言《せいしょうなごん》さまは、定子《ていし》さまにつかえる女房《にょうぼう》として、ふさわしいお方《かた》ね」

こうした、宮廷《きゅうてい》での優雅《ゆうが》な暮《く》らしぶり、定子《ていし》とのやりとりなどを、清少納言《せいしょうなごん》は、『枕草子《まくらのそうし》』に自慢《じまん》げに、書《か》きとめていきました。

「まさに夢《ゆめ》のようだわ。こんな暮《く》らしが、ほんと、したかったのよ」

その文章《ぶんしょう》からは、清少納言《せいしょうなごん》のうきうきした声《こえ》が聞《き》こえてきそうであり、「千年《せんねん》もこのままであってくれたら」と、率直《そっちょく》に、書《か》き記《しる》しています。

しかし、そうした幸福《こうふく》な日々《ひび》は、長《なが》くはつづきませんでした。それは千年《せんねん》どころか、たった七年《ねん》しか、つづかなかったのです。

それというのも、定子《ていし》の父親《ちちおや》である関白《かんぱく》の藤原道隆《ふじわらのみちたか》が死去《しきょ》したからです。そのあと、だれが一番《ばん》になるかという権力闘争《けんりょくとうそう》があり、道隆《みちたか》の弟《おとうと》である道長《みちなが》が、関白《かんぱく》となって、一番《ばん》の権力《けんりょく》をにぎるようになると、宮廷《きゅうてい》は様変《さまが》わりしたのです。

道長《みちなが》のむすめである彰子《しょうし》が、長保元年《ちょうほうがんねん》（九九九）に、一条天皇《いちじょうてんのう》のもうひとりの后《きさき》になり、新《あたら》しいサロンを形成《けいせい》したのです。

そして、そのサロンに登場《とうじょう》してきたのが、紫式部《むらさきしきぶ》でした。

紫式部《むらさきしきぶ》は、指《ゆび》おりの学者《がくしゃ》で、詩人《しじん》の、藤原為時《ふじわらのためとき》のむすめとして生《う》まれました。

「おまえが男《おとこ》だったなら、りっぱな学者《がくしゃ》になったろうに」

と、父《ちち》の為時《ためとき》がため息《いき》をついたほど、式部《しきぶ》は聡明《そうめい》なむすめでした。

長徳《ちょうとく》四年《ねん》（九九八）に、式部《しきぶ》は、親子《おやこ》ほども年《とし》の差《さ》がある、*山城守《やましろのかみ》、藤原宣孝《ふじわらののぶたか》の妻《つま》となって、長保元年《ちょうほうがんねん》に、一女《じょ》（大弐三位《だいにのさんみ》）をもうけました。

だが、夫《おっと》の宣孝《のぶたか》は、結婚生活《けっこんせいかつ》三年《ねん》あまりで、病死《びょうし》してしまったのです。

「なんという、さびしさ」

むすめをかかえて、実家《じっか》にもどった紫式部《むらさきしきぶ》は、春《はる》となり、秋《あき》となっても、もの思《おも》いにあけくれ、

「こんなふうにして、いったい、この身《み》のゆくすえはどうなるのだろう」

と、こころぼそい日々《ひび》を送《おく》りました。

そのころから、式部《しきぶ》は、少女《しょうじょ》のころにいだいた恋《こい》へのあこがれ、そして、理想《りそう》の男性像《だんせいぞう》を思《おも》いうかべて、『源氏物語《げんじものがたり》』を書《か》きはじめたのです。

「すばらしい物語《ものがたり》なのよ」

と、宮中《きゅうちゅう》で、『源氏物語《げんじものがたり》』のうわさがひろまり、関白《かんぱく》の藤原道長《ふじわらのみちなが》により、一条天皇《いちじょうてんのう》の后《きさき》である

＊山城守《やましろのかみ》……山城国《やましろのくに》（現在《げんざい》の京都府南部《きょうとふなんぶ》あたり）の長官《ちょうかん》。

彰子《しょうし》のサロンへ、教育係《きょういくがかり》として招《まね》かれました。

だが、あまり派手《はで》なことが好《す》きでない、どちらかといえば、地味《じみ》で、内気《うちき》な性格《せいかく》の紫式部《むらさきしきぶ》にとっては、宮廷《きゅうてい》サロンの生活《せいかつ》は、心身《しんしん》ともにつかれるものでした。

「われこそは、われこそは」

と、出世競争《しゅっせきょうそう》にとりつかれている貴族《きぞく》の男《おとこ》たち、恋《こい》に苦《くる》しみ、嫉妬《しっと》にさいなまれている女官《にょかん》たち、そうした人《ひと》たちを冷静《れいせい》に観察《かんさつ》しながら、紫式部《むらさきしきぶ》は、九年《ねん》にわたる宮廷暮《きゅうていぐ》らしのなかで、『源氏物語《げんじものがたり》』を書《か》いていきました。

「すてきなのよ、光《ひかる》の君《きみ》って」

「あんな方《かた》がいらしたら、ぜひ、お会《あ》いしたいわ」

紫式部《むらさきしきぶ》がつづる『源氏物語《げんじものがたり》』は、宮廷内《きゅうていない》で、評判《ひょうばん》になりました。

藤原道長《ふじわらのみちなが》は、むすめの彰子《しょうし》につかえる紫式部《むらさきしきぶ》の『源氏物語《げんじものがたり》』を読《よ》んで、その才能《さいのう》と人柄《ひとがら》がひどく気《き》に入《い》り、夜中《よなか》に、式部《しきぶ》の部屋《へや》の戸《と》をたたいたりしました。

――あなたが戸《と》をあけてくれないので、わたしはうらんで泣《な》きながら、戸《と》をたたきつづけましたよ。

あくる朝《あさ》、道長《みちなが》からは、こんな内容《ないよう》の歌《うた》が届《とど》けられたのでした。

そうした、たわむれにも似《に》た恋《こい》の誘《さそ》いも、紫式部《むらさきしきぶ》は、じょうずにこばみ、光源氏《ひかるげんじ》という理想《りそう》の男性像《だんせいぞう》を主人公《しゅじんこう》とする、華麗《かれい》な恋愛絵巻《れんあいえまき》であり、世界文学史上《せかいぶんがくしじょう》にさんぜんとかがやく長編小説《ちょうへんしょうせつ》、『源氏物語《げんじものがたり》』を書《か》きつづけました。

さらに、その一方《いっぽう》で、見聞《みき》きした宮廷《きゅうてい》の生活《せいかつ》を、『紫式部日記《むらさきしきぶにっき》』のなかに、つづっていきました。

紫式部《むらさきしきぶ》が宮廷《きゅうてい》にあがったときには、清少納言《せいしょうなごん》は、すでに宮廷《きゅうてい》を去《さ》っていて、直接《ちょくせつ》に会《あ》ったことはありませんでしたが、その日記《にっき》で、清少納言《せいしょうなごん》のことを、しんらつに評《ひょう》しています。

「清少納言《せいしょうなごん》は、とくい顔《がお》で、えらそうにしていた人《ひと》です」

——清少納言《せいしょうなごん》こそ、したり顔《がお》に、いみじう、はべりける人《ひと》。

さらに、追《お》いうちをかけるように、こんなふうに、ばっさりときりすてています。

「そんな人《ひと》のゆくすえが、いいはずがありません」

——その、あだになりぬる人《ひと》のはて、いかでかは、よくはべらむ。

めったに人《ひと》の悪口《わるくち》を言《い》わない紫式部《むらさきしきぶ》が、そこまで言《い》いきった清少納言《せいしょうなごん》の晩年《ばんねん》は、さびしいものだったといわれます。

定子《ていし》が出産《しゅっさん》のときに、二十五歳《さい》で死《し》ぬと、清少納言《せいしょうなごん》は、七年《ねん》のはなやかな暮《く》らしを胸《むね》に、宮廷《きゅうてい》を去《さ》っていきました。それから、かつて夫《おっと》で別居《べっきょ》していた藤原棟世《ふじわらのむねよ》のもとに身《み》を寄《よ》せます。

そのあと、晩年《ばんねん》は、父《ちち》の元輔《もとすけ》の住《す》んだ家《いえ》の近《ちか》くで、ひとり、さびしく暮《く》らしたとされる説《せつ》もありますが、鎌倉時代《かまくらじだい》に書《か》かれた説話集《せつわしゅう》『古事談《こじだん》』には、こんなエピソードが記《しる》されています。


あるとき、殿上《てんじょう》びとが清少納言《せいしょうなごん》の家《いえ》の前《まえ》を通《とお》りかかったのです。

「お、ここか」

その家《いえ》があまりにもみすぼらしかったので、殿上《てんじょう》びとは、つぶやきました。

「定子《ていし》さまのサロンで、あんなにもときめいていた清少納言《せいしょうなごん》も、いまは、なんとも、おちぶれたものだ」

すると、それを聞《き》きつけたのか、くずれかけた家《いえ》の、たれさがった簾《すだれ》のなかから、尼《あま》のようなかっこうをした清少納言《せいしょうなごん》が、ぬっと、鬼《おに》のような顔《かお》をつきだしました。

「おちぶれても、駿馬《しゅんめ》の骨《ほね》の買《か》い手《て》はありますよっ」

と、きかん気《き》な声《こえ》で、言《い》いかえしたのです。

馬《うま》を好《この》んだ燕王《えんおう》（明《みん》の第《だい》三代皇帝《だいこうてい》・永楽帝《えいらくてい》のこと）が、死《し》んだ名馬《めいば》の骨《ほね》を買《か》ったという、中国《ちゅうごく》の故事《こじ》を、自分《じぶん》に置《お》きかえて、やりかえしたのです。

——どんな姿《すがた》になっても、いいものは、たっとばれるのですよ。馬鹿《ばか》ね、あなたは。

どんなに老《お》いて、みじめな暮《く》らしをしていても、博識《はくしき》と機知《きち》をわすれない、いかにも清少納言《せいしょうなごん》らしい、勝気《かちき》なことばです。

万寿《まんじゅ》二年《ねん》（一〇二五）ごろに、清少納言《せいしょうなごん》は、およそ六十歳《さい》で、没《ぼっ》したとされています。

紫式部《むらさきしきぶ》の晩年《ばんねん》は、あまりよく知《し》られていません。

寛弘《かんこう》八年《ねん》（一〇一一）、一条天皇《いちじょうてんのう》が亡《な》くなると、彰子《しょうし》に、哀悼《あいとう》の歌《うた》を送《おく》ったり、長和《ちょうわ》三年《ねん》（一〇一四）、彰子《しょうし》の病気回復《びょうきかいふく》の参詣祈願《さんけいきがん》などをおこなったりと、古書《こしょ》には記録《きろく》されていますが、さだかではありません。

ともあれ、人生《じんせい》のむなしさ、はかなさ、さびしさを痛感《つうかん》していた紫式部《むらさきしきぶ》は、出家《しゅっけ》して、庵《いおり》で、ひっそりと暮《く》らしながら、生涯《しょうがい》の大作《たいさく》にして、未完《みかん》とされている長編《ちょうへん》、『源氏物語《げんじものがたり》』を加筆《かひつ》していたのではないかと考《かんが》えられます。

コラム③

「摂関《せっかん》レース」を勝《か》ちのこったのは 道長《みちなが》と伊周《これちか》

「御堂関白《みどうかんぱく》」と呼《よ》ばれた藤原道長《ふじわらのみちなが》と、関白藤原道隆《かんぱくふじわらのみちたか》の子《こ》である伊周《これちか》は、どちらが朝廷《ちょうてい》の権力《けんりょく》をにぎるかで、はげしいライバルあらそいをくりひろげました。

はじめのころは、定子《ていし》の兄《あに》である伊周《これちか》が一歩《いっぽ》リードしていました。

「叔父《おじ》の道長《みちなが》になど負《ま》けるものか。摂政《せっしょう》になるのは、このわたしだ」

しかし、父《ちち》の道隆《みちたか》が死《し》んだことで、伊周《これちか》の立場《たちば》は一気《いっき》に弱《よわ》くなります。摂関《せっかん》の地位《ちい》をめぐってのあらそいは、それまでのんびりして、あまりめだたなかった道長《みちなが》に、軍配《ぐんばい》があがるのです。

伊周《これちか》は、花山法皇《かざんほうおう》に矢《や》を射《い》かけるという事件《じけん》を起《お》こし、大宰府《だざいふ》へ左遷《させん》されてしまいます。

ライバルがいなくなった道長《みちなが》は、四人《にん》のむすめたちを、一条《いちじょう》・三条《さんじょう》・後一《ごいち》条《じょう》・後朱雀天皇《ごすざくてんのう》の中宮《ちゅうぐう》や皇后《こうごう》にします。むすめたちが後一条《ごいちじょう》・後朱雀《ごすざく》・後冷泉《ごれいぜい》天皇《てんのう》を生《う》んだので、外戚《がいせき》となり、寛仁元年《かんにんがんねん》（一〇一七）には、息子《むすこ》の頼通《よりみち》を摂《せっ》政《しょう》にして、みずからは太政大臣《だいじょうだいじん》となります。

「この世《よ》をば　わが世《よ》とぞ思《おも》う　望月《もちづき》のかけたることもなしと思《おも》えば」

（この世《よ》はわたしのためにあるようなものだ。満月《まんげつ》に欠《か》けたところがないように）

この道長《みちなが》の歌《うた》からは、ライバルに勝《か》って、この世《よ》の栄華《えいが》をきわめた、得意満《とくいまん》面《めん》の顔《かお》がうかがえるようです。

第《だい》四章《しょう》

負《ま》ければ、ほろびる 平家《へいけ》と源氏《げんじ》

桓武天皇《かんむてんのう》の流《なが》れをくむ武士《ぶし》の一族《いちぞく》である、平家《へいけ》。

清和天皇《せいわてんのう》の流《なが》れをくむ武士《ぶし》の一族《いちぞく》である、源氏《げんじ》。

この平家《へいけ》と源氏《げんじ》こそは、仲良《なかよ》く両立《りょうりつ》することができない、まさしく、どちらかがどちらかをたおさなければならない、永遠《えいえん》のライバルでした。


「つぎは、武士《ぶし》の世《よ》がくる」

それを最初《さいしょ》にはっきりと意識《いしき》し、それを実現《じつげん》させようとしたのは、伊勢地方《いせちほう》から中央《ちゅうおう》に進出《しんしゅつ》してきた伊勢平氏《いせへいし》の若《わか》き棟梁《とうりょう》（一族《いちぞく》のリーダー）、平清盛《たいらのきよもり》でした。

平安時代《へいあんじだい》と呼《よ》ばれていたそのころ、全国《ぜんこく》に住《す》んでいた、すべての武士《ぶし》は、都《みやこ》に住《す》む、ひとにぎりの貴族《きぞく》の下《した》に、つかえていました。

まさに、そのころは「貴族《きぞく》の世《よ》」でした。

貴族《きぞく》たちは、汗《あせ》を流《なが》してはたらくことも、戦《たたか》いで血《ち》を流《なが》すこともなく、日々《ひび》を、ひたすら優雅《ゆうが》にすごしていました。そして、武士《ぶし》のもっている、荒々《あらあら》しく戦《たたか》う力《ちから》、敵《てき》をたおす武力《ぶりょく》を、自分《じぶん》たちにとって、つごうがいいように使《つか》っていたのです。

いわば、武士《ぶし》たちは、貴族《きぞく》にとって、「つごうのいい飼《か》い犬《いぬ》」のようなものでした。けれど、それまで低《ひく》い身分《みぶん》にあまんじていた武士《ぶし》たちは、しだいに、自分《じぶん》たちのもっている力《ちから》に、めざめていきました。

「自分《じぶん》たちの武力《ぶりょく》がなければ、貴族《きぞく》たちは、権力《けんりょく》をにぎりつづけられない」

そのことに、気《き》づいたのです。

武士《ぶし》として、内昇殿《ないしょうでん》(宮中《きゅうちゅう》の清涼殿《せいりょうでん》の殿上《てんじょう》の間《ま》に昇《のぼ》るのをゆるされること)をゆるされた平忠盛《たいらのただもり》。その子《こ》である、平清盛《たいらのきよもり》には、ひそかな野望《やぼう》がありました。

「いつまでも、貴族《きぞく》に、いいようにこき使《つか》われてなるものか」

清盛《きよもり》は、白河法皇《しらかわほうおう》のおとしだねといううわさを利用《りよう》しながら、父《ちち》の忠盛《ただもり》が中国《ちゅうごく》(当時《とうじ》の国名《こくめい》は宋《そう》)との貿易《ぼうえき》できずきあげた莫大《ばくだい》な財力《ざいりょく》をバックに、貴族社会《きぞくしゃかい》に入《はい》っていき、そこで、めきめきと頭角《とうかく》をあらわしていきました。

「みておれ。いまは、われら平家《へいけ》は貴族《きぞく》につかえているが、いずれ、貴族《きぞく》たちがわれら平家《へいけ》に頭《あたま》をさげるようになる」

清盛《きよもり》には、そうした確信《かくしん》がありました。

「だが、平家《へいけ》にとって、じゃまなのは、源氏一族《げんじいちぞく》だ」

源氏一族《げんじいちぞく》は、摂政《せっしょう》・関白《かんぱく》を独占《どくせん》してきた貴族《きぞく》のトップである藤原氏《ふじわらし》に、忠実《ちゅうじつ》につかえて、勢力《せいりょく》をのばしてきました。

しかし、平安《へいあん》の末期《まっき》には、政治《せいじ》のあり方《かた》が変化《へんか》し、天皇《てんのう》をしりぞいた上皇《じょうこう》や法皇《ほうおう》が、「院政《いんせい》」というかたちで、摂政《せっしょう》や関白《かんぱく》のかわりに、政治《せいじ》の主導権《しゅどうけん》をにぎるようになっていたのです。そのことで、藤原摂関家《ふじわらせっかんけ》にたよってきた源氏《げんじ》は、やや影《かげ》がうすくなっていました。

そして、清盛《きよもり》を若《わか》き棟梁《とうりょう》とする伊勢平氏《いせへいし》は、この「院政《いんせい》」を強力《きょうりょく》にささえる武士団《ぶしだん》として、ぐんぐん力《ちから》をつけてきたのです。

清盛《きよもり》は、ライバルである源氏《げんじ》の力《ちから》をあなどってはいませんでした。源氏《げんじ》を追《お》いおとすには、どうすればよいのか。そのときがくるのを、じっとうかがっていました。

「とりわけ、あいつがじゃまだ」

清盛《きよもり》がねらいをつけていたのは、源氏《げんじ》の若《わか》き棟梁《とうりょう》である源義朝《みなもとのよしとも》でした。

元永元年《げんえいがんねん》（一一一八）に生《う》まれた清盛《きよもり》にとって、保安四年《ほうあんねん》（一一二三）に生《う》まれた義朝《よしとも》は、ほぼ同《おな》じ世代《せだい》でした。

曾祖父《そうそふ》の源義家《みなもとのよしいえ》が、鎮守府将軍《ちんじゅふしょうぐん》（陸奥国《むつのくに》に置《お》かれた鎮守府《ちんじゅふ》の長官《ちょうかん》）だったこともあって、東国《とうごく》の武士《ぶし》たちに支持《しじ》を受《う》けている義朝《よしとも》は、平家《へいけ》の清盛《きよもり》にとって、いつかはたおさねばならないライバルでした。

「源氏《げんじ》をひきいる義朝《よしとも》をしりぞけなくては、平家《へいけ》の世《よ》はこない」

そう思《おも》っていた清盛《きよもり》にとって、待《ま》ちに待《ま》ったときがやってきました。「保元《ほうげん》の乱《らん》」と「平治《へいじ》の乱《らん》」という、天皇家《てんのうけ》と摂関家《せっかんけ》、源氏《げんじ》と平家《へいけ》を巻《ま》きこんだ、ふたつの乱《らん》が、清盛《きよもり》の野望《やぼう》を実現《じつげん》させることになるのです。

保元元年《ほうげんがんねん》（一一五六）に起《お》きた「保元《ほうげん》の乱《らん》」は、後白河天皇《ごしらかわてんのう》と崇徳上皇《すとくじょうこう》による、どちらが朝廷《ちょうてい》の権力《けんりょく》をにぎるかというあらそいでした。

「天皇《てんのう》と上皇《じょうこう》、どちらにつくか」

この天皇家《てんのうけ》のあらそいに、摂関家《せっかんけ》である藤原氏《ふじわらし》も、源氏《げんじ》も、平家《へいけ》も、内部《ないぶ》から、ふたつに分《わ》かれてしまいました。

後白河天皇《ごしらかわてんのう》についたのは、摂関家《せっかんけ》では、関白《かんぱく》の藤原忠通《ふじわらのただみち》、源氏《げんじ》では、長男《ちょうなん》の源義朝《みなもとのよしとも》、平家《へいけ》では、平清盛《たいらのきよもり》でした。

そして、崇徳上皇側《すとくじょうこうがわ》についたのは、摂関家《せっかんけ》では、内大臣《ないだいじん》の藤原頼長《ふじわらのよりなが》、源氏《げんじ》では、父《ちち》の源為義《みなもとのためよし》と八男《なん》の為朝《ためとも》、平家《へいけ》では、清盛《きよもり》の叔父《おじ》である平忠正《たいらのただまさ》でした。

「夜討《ようち》ちをかけよう」

弓《ゆみ》の名手《めいしゅ》であった為朝《ためとも》は主張《しゅちょう》しますが、いくさを知《し》らない藤原頼長《ふじわらのよりなが》によって、その作戦《さくせん》はしりぞけられます。そして、この「保元《ほうげん》の乱《らん》」は、清盛《きよもり》と義朝《よしとも》のめざましいはたらきによって、後白《ごしら》河天皇側《かわてんのうがわ》の大勝利《だいしょうり》になりました。

崇徳上皇《すとくじょうこう》は讃岐《さぬき》に流《なが》され、上皇《じょうこう》についた武士《ぶし》たちには、きびしい罰《ばつ》が科《か》せられました。

「なにとぞ、死罪《しざい》だけはおゆるしください」

源義朝《みなもとのよしとも》は、けんめいに父《ちち》の助命《じょめい》を願《ねが》いでました。しかし、それは聞《き》き入《い》れられず、父《ちち》の為義《ためよし》はじめ、源氏一族《げんじいちぞく》のおもだった武士《ぶし》たちを、義朝《よしとも》はみずからの手《て》で処刑《しょけい》しなくてはなりませんでした。このことで、源氏《げんじ》の力《ちから》は、はなはだしくおちてしまいました。

一方《いっぽう》、清盛《きよもり》のほうは、叔父《おじ》の処刑《しょけい》だけですみました。平家一族《へいけいちぞく》の多《おお》くは、勝者《しょうしゃ》の側《がわ》についたのです。

保元《ほうげん》の乱《らん》の功績《こうせき》により、清盛《きよもり》の官位《かんい》は正四位下《しょうしいげ》、*播磨守《はりまのかみ》とあがります。けれど、義朝《よしとも》の官位《かんい》はかんばしくなく、正五位下《しょうごいげ》の左馬頭《さまのかみ》という低《ひく》いものでした。

「ふん。田舎《いなか》ざむらいの義朝《よしとも》など、ほうっておけ」

後白河天皇《ごしらかわてんのう》の近臣《きんしん》で、力《ちから》をふるっていた信西《しんぜい》（藤原通憲《ふじわらのみちのり》）が、平家《へいけ》の清盛《きよもり》をひいきにして、源《げん》氏《じ》の義朝《よしとも》をきらっていたからです。

「うぬ、信西《しんぜい》め」

清盛《きよもり》ひとりがよいめにあっていることに腹《はら》を立《た》て、義朝《よしとも》は、決意《けつい》します。

信西《しんぜい》のライバルである藤原信頼《ふじわらのぶより》とはかって、清盛《きよもり》が都《みやこ》をはなれているすきをねらって、挙兵《きょへい》します。にくい信西《しんぜい》を殺《ころ》し、後白河上皇《ごしらかわじょうこう》と二条天皇《にじょうてんのう》を幽閉《ゆうへい》してしまったのです。

これが、平治元年《へいじがんねん》（一一五九）に起《お》きた、「平治《へいじ》の乱《らん》」です。

「なに、義朝《よしとも》が」

清盛《きよもり》は、すばやく動《うご》きました。上皇《じょうこう》と天皇《てんのう》をうまく脱出《だっしゅつ》させると、天皇家《てんのうけ》を旗印《はたじるし》にかかげて、義朝《よしとも》に戦《たたか》いをいどんだのです。

＊播磨守《はりまのかみ》……播磨国《はりまのくに》（現在《げんざい》の兵庫県南西部《ひょうごけんなんせいぶ》あたり）の長官《ちょうかん》。

「東国《とうごく》から、援軍《えんぐん》がくる」

義朝《よしとも》はそれを期待《きたい》しますが、援軍《えんぐん》がまだかけつけてこないうちに、清盛《きよもり》は義朝軍《よしともぐん》をうち破《やぶ》ってしまいます。

信頼《のぶより》は討《う》ち死《じ》にし、義朝《よしとも》はおちのびるとちゅうで、部下《ぶか》にうらぎられて、命《いのち》をおとします。

「ようし、勝《か》ったぞ」

平治《へいじ》の乱《らん》で、勝利《しょうり》した清盛《きよもり》は、義朝《よしとも》の三男《なん》である十四歳《さい》の頼朝《よりとも》を、処刑《しょけい》せずに、伊豆《いず》に流《なが》します。清盛《きよもり》の養母《ようぼ》の池禅尼《いけのぜんに》が、助命《じょめい》するようにたのんだからでした。

「義朝《よしとも》の息子《むすこ》など、京《きょう》から遠《とお》い伊豆《いず》に流《なが》しておけば、なにもできないだろう」

そう考《かんが》えたのです。


「源氏《げんじ》は、もはや敵《てき》ではない」

ついに、ライバルの源氏《げんじ》をけおとした清盛《きよもり》に、朝廷《ちょうてい》でさからおうとするものはいませんでした。

「われら、平家《へいけ》の武士《ぶし》の世《よ》がきたのだ」

清盛《きよもり》は、平家《へいけ》の武力《ぶりょく》と財力《ざいりょく》をふりかざし、貴族《きぞく》をおしのけて、人臣《じんしん》の最高位《さいこうい》である太政大臣《だいじょうだいじん》にまでのぼりつめます。

平家《へいけ》、源氏《げんじ》の主《おも》な人物《じんぶつ》の系図《けいず》

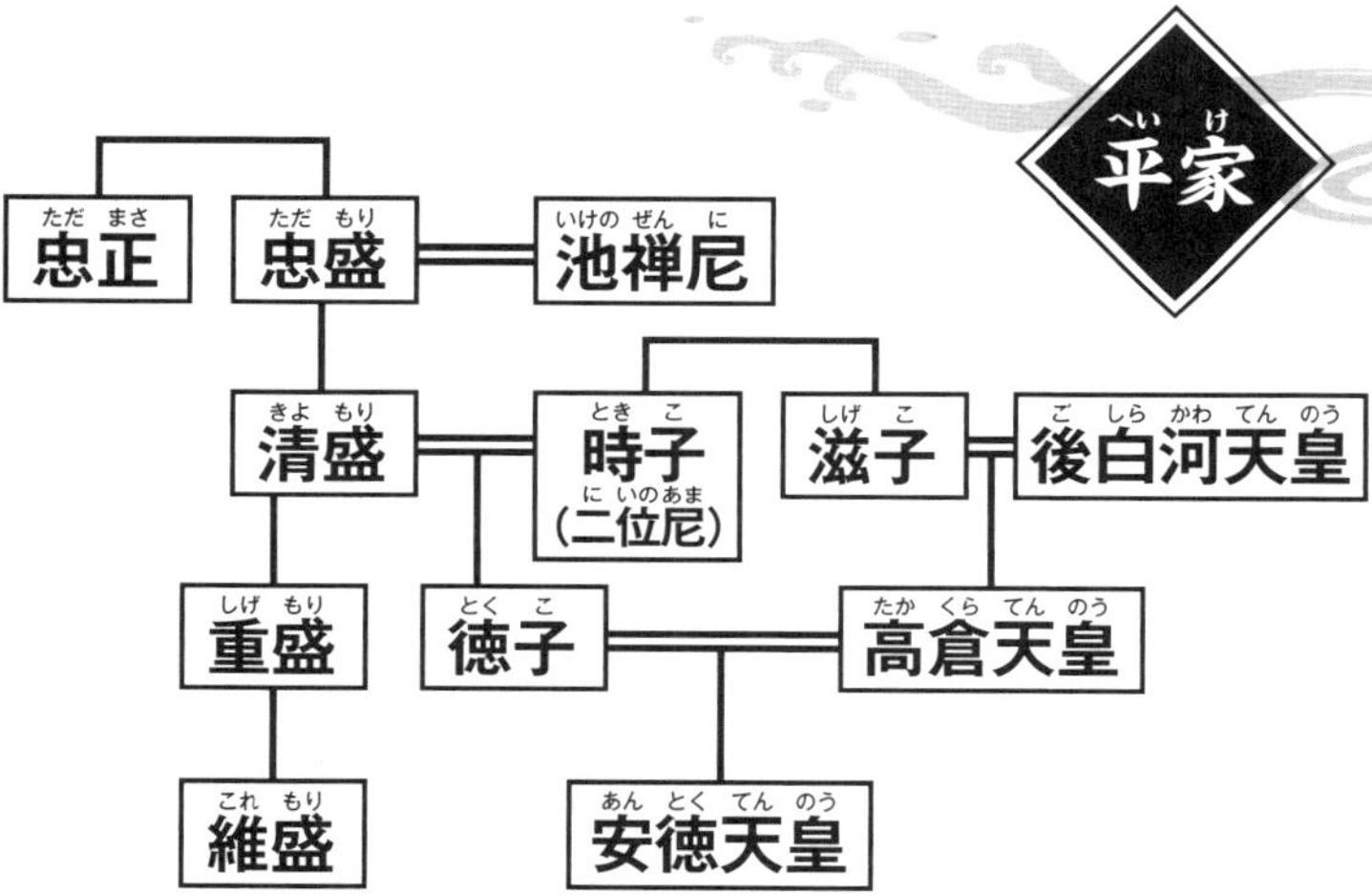

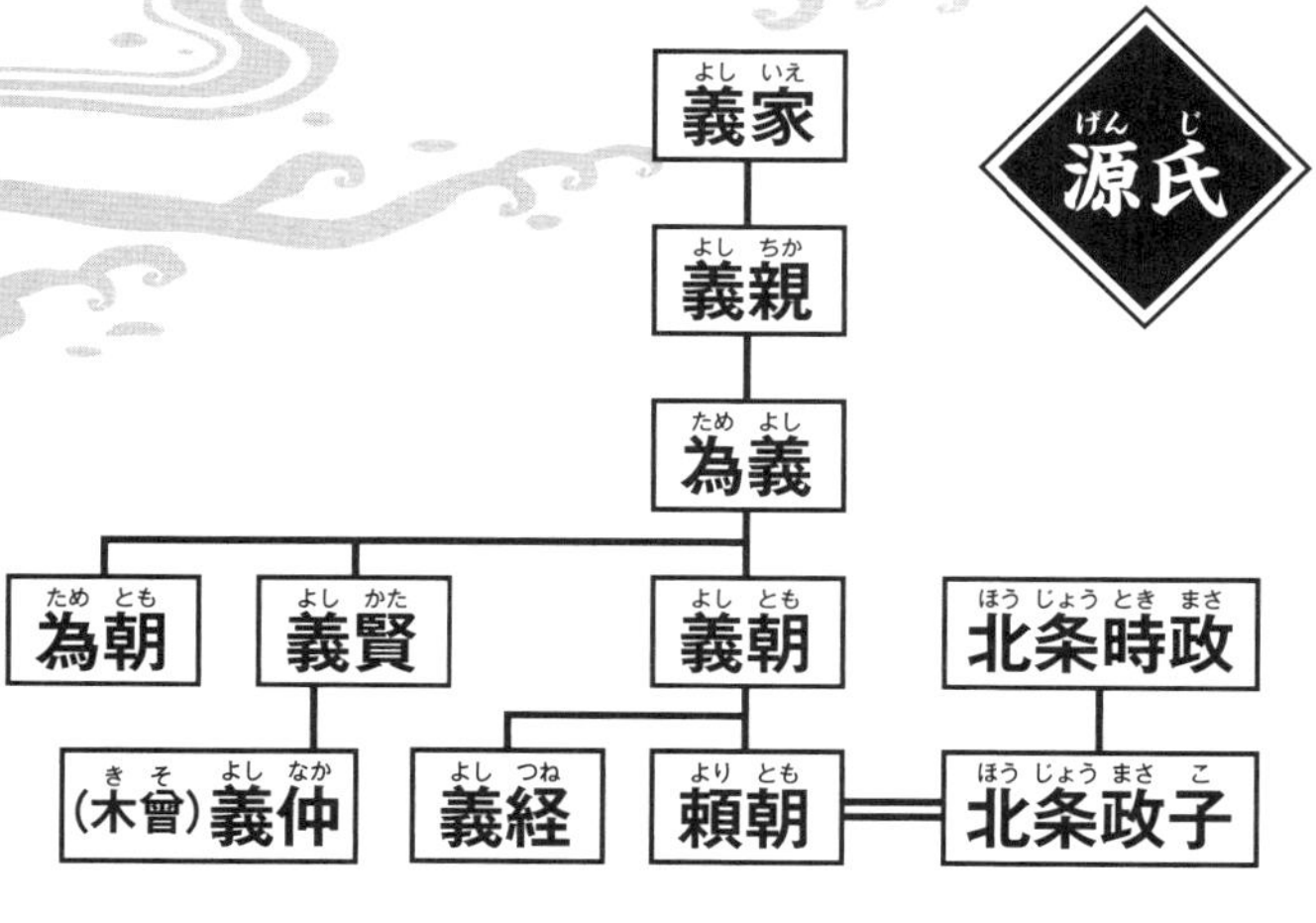

そして、かつての摂関家《せっかんけ》のやり方《かた》にならって、むすめの徳子《とくこ》を高倉天皇《たかくらてんのう》の后《きさき》にします。そして、生《う》まれた皇子《おうじ》を、生後《せいご》一歳《さい》四か月《げつ》で、安徳天皇《あんとくてんのう》として即位《そくい》させるのです。天皇《てんのう》の祖父《そふ》という立場《たちば》で、朝廷《ちょうてい》を思《おも》いのままに動《うご》かし、一族《いちぞく》のおもだったものたちを中央政界《ちゅうおうせいかい》に送《おく》りこんで、高《たか》い官位《かんい》をあたえます。

「平家《へいけ》にあらずんば、人《ひと》にあらず」

と言《い》われるまで、平家一門《へいけいちもん》を出世《しゅっせ》させました。

こうして、もともとは戦《たたか》いを専門《せんもん》とする武士団《ぶしだん》だった平家一族《へいけいちぞく》が、清盛《きよもり》の威勢《いせい》によって、栄華《えいが》をきわめる貴族《きぞく》のような暮《く》らしに、そまっていったのです。

しかし、地方《ちほう》の武士《ぶし》たちは、平家一族《へいけいちぞく》だけが都《みやこ》で繁栄《はんえい》していくことに、不満《ふまん》をいだきました。とりわけ、東国《とうごく》の武士《ぶし》たちは、ないがしろにされていることに、しだいに不満《ふまん》をつのらせていき、反平家《はんへいけ》の気運《きうん》が高《たか》まっていきます。

「このまま、平家《へいけ》だけ栄《さか》えさせてなるものか」

「平家《へいけ》をたおせ」

不満《ふまん》をもつ武士《ぶし》たちの旗印《はたじるし》になったのが、伊豆《いず》に流《なが》されている源氏《げんじ》の御曹司《おんぞうし》、頼朝《よりとも》でした。

きっかけは、以仁王《もちひとおう》の令旨《りょうじ》（皇太子《こうたいし》や皇族《こうぞく》の命令《めいれい》を伝《つた》える文書《ぶんしょ》）でした。

治承《じしょう》四年《ねん》（一一八〇）、後白河法皇《ごしらかわほうおう》の皇子《おうじ》でありながら、皇位継承《こういけいしょう》からはずされた以仁王《もちひとおう》は、「これもすべて平清盛《たいらのきよもり》のせいだ」とうらみ、打倒平家《だとうへいけ》の令旨《りょうじ》を発《はっ》して、摂津源氏《せっつげんじ》の源頼政《みなもとのよりまさ》とともに、兵《へい》をあげたのです。

以仁王《もちひとおう》は、頼政《よりまさ》とともに、平家《へいけ》にすぐ討《う》たれましたが、その令旨《りょうじ》は、全国《ぜんこく》をかけめぐりました。

「よし、ときはきた」

伊豆《いず》の頼朝《よりとも》は、妻《つま》の政子《まさこ》の実家《じっか》である北条一族《ほうじょういちぞく》の力《ちから》をかりて、兵《へい》をあげます。順調《じゅんちょう》に勝《か》ちすすんだあと、*1石橋山《いしばしやま》の戦《たたか》いで、いったんは敗《やぶ》れます。しかし、*2安房《あわ》へ脱出《だっしゅつ》し、房総半島《ぼうそうはんとう》の豪族《ごうぞく》たちをあつめます。

さらに高祖父《こうそふ》（祖父《そふ》の祖父《そふ》）の義家《よしいえ》、父《ちち》の義朝《よしとも》がつちかった東国武士団《とうごくぶしだん》を中心《ちゅうしん》に、平家《へいけ》にそむく地方武士《ちほうぶし》たちをあつめて、数万《すうまん》の大軍《たいぐん》で、鎌倉《かまくら》に入《はい》ります。

頼朝《よりとも》は、都《みやこ》に従属《じゅうぞく》することのない、武士《ぶし》たちのための鎌倉政権《かまくらせいけん》をきずこうとします。

「なに、あの頼朝《よりとも》が」

清盛《きよもり》は、歯噛《はが》みします。

＊1　石橋山《いしばしやま》……神奈川県小田原市《かながわけんおだわらし》にある山《やま》。＊2　安房《あわ》……現在《げんざい》の千葉県南部《ちばけんなんぶ》（房総半島《ぼうそうはんとう》の先端《せんたん》あたり）。

「あのとき、殺《ころ》しておけばよかった」

清盛《きよもり》は、孫《まご》の維盛《これもり》に大軍《たいぐん》をひきいさせて、頼朝討伐《よりともとうばつ》に向《む》かわせます。けれど、都《みやこ》で貴族《きぞく》のような暮《く》らしをしてきた平家《へいけ》の武士《ぶし》たちは、源氏《げんじ》と＊1富士川《ふじがわ》で対戦《たいせん》したとき、ろくに戦《たたか》うことなく、逃《に》げてしまいます。

「うぬっ、頼朝《よりとも》め」

清盛《きよもり》は、頼朝《よりとも》をのろいながら、養和元年《ようわがんねん》（一一八一）に病死《びょうし》します。

清盛《きよもり》という、大黒柱《だいこくばしら》を失《うしな》った平家《へいけ》は、もうひとつの源氏一族《げんじいちぞく》である、朝日将軍《あさひしょうぐん》と称《しょう》される、源義仲《みなもとのよしなか》（木曾義仲《きそよしなか》）にいくさで敗《やぶ》れ、京都《きょうと》を追《お》われます。

九州《きゅうしゅう》の大宰府《だざいふ》に向《む》かったあと、平家《へいけ》はふたたび力《ちから》をもりかえして、東上《とうじょう》します。

しかし、頼朝《よりとも》の弟《おとうと》で、義仲《よしなか》を都《みやこ》から追《お》いはらった源義経《みなもとのよしつね》のひきいる源氏《げんじ》に、ことごとく敗《やぶ》れます。

文治元年《ぶんじがんねん》（一一八五）、瀬戸内海《せとないかい》の＊2壇ノ浦《だんのうら》で、源氏《げんじ》と平家《へいけ》の最後《さいご》の戦《たたか》いがくりひろげられます。

そして、白《しろ》いのぼりをはためかせる源氏《げんじ》が、弓《ゆみ》の名手《めいしゅ》、那須与一《なすのよいち》らのはたらきにより、赤《あか》いのぼりの平家《へいけ》を、海戦《かいせん》でうち負《ま》かしていきます。平家《へいけ》の船《ふね》は、つぎつぎに沈《しず》んでいくのです。

＊1 富士川《ふじがわ》……長野県《ながのけん》・山梨県《やまなしけん》・静岡県《しずおかけん》を流《なが》れる川《かわ》。合戦《かっせん》があったのは静岡県《しずおかけん》。
＊2 壇ノ浦《だんのうら》……現在《げんざい》の山口県下関市《やまぐちけんしものせきし》にあった地名《ちめい》。

このとき、平家《へいけ》の血《ち》をひく、満《まん》六歳《さい》四か月《げつ》の安徳天皇《あんとくてんのう》は、育《そだ》ててくれた祖母《そぼ》、二位尼《にいのあま》にたずねます。

「おばあさま。わたしをどこへつれていくのですか」

尼《あま》は涙《なみだ》をこらえて言《い》います。

「この世《よ》はつらいところですから、極楽浄土《ごくらくじょうど》へまいりましょう。さあ、波《なみ》の下《した》にも、都《みやこ》はございます」

そう言《い》うと、尼《あま》は安徳天皇《あんとくてんのう》をだいて、海《うみ》へ飛《と》びこんでいったのでした。

——祇園精舎《ぎおんしょうじゃ》の鐘《かね》の声《こえ》……おごれる人《ひと》もひさしからず……。

まさに、琵琶法師《びわほうし》が唄《うた》った歌《うた》の通《とお》りに、栄華《えいが》をきわめた平家一族《へいけいちぞく》は、ライバルだった源氏《げんじ》にほろぼされてしまうのです。

第《だい》五章《しょう》

兄弟《きょうだい》の、戦《たたか》いとあらそい 頼《より》朝《とも》と義《よし》経《つね》

「おう、九郎《くろう》か。よくぞまいった」

治承《じしょう》四年《ねん》（一一八〇）、平家《へいけ》を討《う》つために挙兵《きょへい》し鎌倉《かまくら》に本拠《ほんきょ》を置《お》いた源頼朝《みなもとのよりとも》のもとに、弟《おとうと》の義経《よしつね》がはせさんじてきたとき、頼朝《よりとも》は、その手《て》を強《つよ》くにぎって、よろこびました。

「兄上《あにうえ》、お会《あ》いしとうございました」

義経《よしつね》は、感激《かんげき》のあまり、涙《なみだ》にむせびました。

しかし、わずか五年後《ねんご》には、兄《あに》の頼朝《よりとも》と弟《おとうと》の義経《よしつね》は、ライバルとして、のっぴきならない対立《たいりつ》のときをむかえてしまうのです。

頼朝《よりとも》と義経《よしつね》は、母《はは》こそちがいますが、源氏《げんじ》の棟梁《とうりょう》だった源義朝《みなもとのよしとも》を父《ちち》にもつ兄弟《きょうだい》でした。

ふたりは仲良《なかよ》く、平家《へいけ》をたおして、源氏《げんじ》の世《よ》をつくりあげるはずでした。しかし、そうはなりませんでした。運命《うんめい》は、兄弟《きょうだい》を、どちらかがどちらかをたおさなければならない、永遠《えいえん》のライバルにしてしまったのです。

義経《よしつね》は、「いくさの天才《てんさい》」であり、戦《たたか》えばかならず勝《か》つという、すばらしい能力《のうりょく》をもっていました。一方《いっぽう》において、頼朝《よりとも》は、「政治《せいじ》の天才《てんさい》」でした。味方《みかた》をあつめ、きびしく統治《とうち》する能力《のうりょく》にたけていました。

頼朝《よりとも》も、義経《よしつね》も、「平治《へいじ》の乱《らん》」で、父《ちち》の義朝《よしとも》が敗《やぶ》れたときに、平清盛《たいらのきよもり》に殺《ころ》される運命《うんめい》のはずでした。けれど、清盛《きよもり》の養母《ようぼ》である池禅尼《いけのぜんに》が、まだ若《わか》いふたりをあわれに思《おも》い、

「どうか、助《たす》けてやってくだされ」

と、助命《じょめい》したことにより、命《いのち》をすくわれたのです。

伊豆《いず》に流《なが》された頼朝《よりとも》は、めだたないように、おとなしく日《ひ》を送《おく》りながら、そのときがくるのを待《ま》っていました。

（きっと、チャンスがくる。源氏《げんじ》を再興《さいこう》するときがくる）

頼朝《よりとも》には、確信《かくしん》がありました。そうした頼朝《よりとも》を援護《えんご》したのが、伊豆《いず》の豪族《ごうぞく》である北条一族《ほうじょういちぞく》でした。頼朝《よりとも》は、北条家《ほうじょうけ》のむすめ、政子《まさこ》を嫁《よめ》にして、北条一族《ほうじょういちぞく》と強《つよ》くむすびつきます。

そして、そのときがやってきました。

治承《じしょう》四年《ねん》、以仁王《もちひとおう》が「打倒平家《だとうへいけ》」の令旨《りょうじ》を発《はっ》したのです。

以仁王《もちひとおう》の乱《らん》は、清盛《きよもり》にしずめられますが、その令旨《りょうじ》は、全国《ぜんこく》をかけめぐりました。

「平家《へいけ》は、おごりたかぶっている」

「同《おな》じ武士《ぶし》でありながら、平家《へいけ》は権力《けんりょく》を独占《どくせん》し、貴族《きぞく》のような暮《く》らしをしている」

そのころ、平家《へいけ》に対《たい》する、地方《ちほう》の武士《ぶし》たちの不満《ふまん》は高《たか》まっていて、爆発《ばくはつ》しそうになっていました。

「ときはきた」

頼朝《よりとも》は、北条一族《ほうじょういちぞく》とともに、伊豆《いず》で兵《へい》をあげます。

源氏《げんじ》のあとつぎである、頼朝《よりとも》のもとには、反平家《はんへいけ》の武士《ぶし》たちがぞくぞくとあつまって、たちまち数万《すうまん》の大軍《たいぐん》となりました。それらの兵《へい》をひきいて、頼朝《よりとも》は、鎌倉《かまくら》に入《はい》ります。

富士川《ふじがわ》の戦《たたか》いで、平家《へいけ》をしりぞけ、鎌倉《かまくら》に侍所《さむらいどころ》を設置《せっち》して、東国《とうごく》の支配《しはい》をかためていきます。

一方《いっぽう》、義朝《よしとも》の九男《なん》である牛若丸《うしわかまる》（義経《よしつね》）は、生《う》まれてまもなく、義朝《よしとも》が敗《やぶ》れ、処刑《しょけい》されそうになりますが、清盛《きよもり》によって、命《いのち》を助《たす》けられます。

牛若丸《うしわかまる》は母《はは》の常盤御前《ときわごぜん》につれられて、公家《くげ》の家《いえ》で育《そだ》ちますが、十一歳《さい》のときに、京都《きょうと》の郊外《こうがい》の鞍馬寺《くらまでら》にあずけられました。

遮那王《しゃなおう》と名《な》のることになった義経《よしつね》は、鞍馬寺《くらまでら》で育《そだ》ちますが、本人《ほんにん》は僧《そう》になるつもりはありませんでした。

「わたしは、武士《ぶし》の子《こ》。強《つよ》き武士《ぶし》になるのだ」

義経《よしつね》は、源氏《げんじ》が立《た》ちあがる日《ひ》を夢《ゆめ》みて、ひそかに武芸《ぶげい》をみがいていたのです。

そして、十五歳《さい》のときに、義経《よしつね》は鞍馬寺《くらまでら》を飛《と》びだして、みずからの手《て》で元服《げんぷく》し、*奥州《おうしゅう》へ向《む》かいます。奥州《おうしゅう》を三代《だい》にわたって支配《しはい》してきた奥州藤原氏《おうしゅうふじわらし》の藤原秀衡《ふじわらのひでひら》をたよるのです。

「よくぞ、まいられた」

秀衡《ひでひら》は、義経《よしつね》をよろこんでむかえ、わが子《こ》のようにかわいがります。

そして、義経《よしつね》が二十二歳《さい》のときでした。兄《あに》の頼朝《よりとも》が、ついに伊豆《いず》で兵《へい》をあげたことを知《し》り、義《よし》経《つね》は秀衡《ひでひら》に言《い》います。

「兄《あに》のもとへ行《い》きたいと思《おも》います」

「そうされるがよい」

秀衡《ひでひら》は、数十騎《すうき》をつけて、義経《よしつね》を送《おく》りだします。

＊奥州《おうしゅう》……陸奥国《むつのくに》の別《べつ》の呼《よ》び方《かた》。

「兄上《あにうえ》、九郎《くろう》でございます」

「おう、九郎《くろう》か。よくぞまいった」

義経《よしつね》と頼朝《よりとも》は、涙《なみだ》の対面《たいめん》をはたします。

頼朝《よりとも》は、義経《よしつね》に、源氏《げんじ》の兵《へい》をあたえて、そのころ後白河法皇《ごしらかわほうおう》をないがしろにして横暴《おうぼう》なふるまいをしていた、朝日将軍《あさひしょうぐん》と称《しょう》される木曾義仲《きそよしなか》と戦《たたか》わせます。

「そなたを代官《だいかん》とする。たのんだぞ、義経《よしつね》」

頼朝《よりとも》のことばに、義経《よしつね》はうなずきます。

「はい、兄上《あにうえ》」


義経《よしつね》は、*宇治川《うじがわ》の戦《たたか》いで、木曾義仲《きそよしなか》をうち破《やぶ》り、京都《きょうと》に入《はい》ります。

「義経《よしつね》、よくぞ、義仲《よしなか》をたおしてくれた」

後白河法皇《ごしらかわほうおう》はよろこび、義経《よしつね》をうまく利用《りよう》しようとします。

清盛《きよもり》と平家《へいけ》が全盛《ぜんせい》のときでさえ、なんとか、それをおさえようとしてきた法皇《ほうおう》にとっては、まだ若《わか》くて、うぶな義経《よしつね》は、だましやすい相手《あいて》でした。

「義経《よしつね》。そなたに、官位《かんい》をさずけよう」

＊宇治川《うじがわ》……京都近郊《きょうときんこう》の宇治《うじ》を流《なが》れる川《かわ》。

そう言《い》って、検非違使《けびいし》・左衛門少尉《さえもんのしょうじょう》の官位《かんい》をあたえて、義経《よしつね》をとりこもうとします。

後白河法皇《ごしらかわほうおう》には、思惑《おもわく》がありました。

「平家《へいけ》もいやだが、源氏《げんじ》もいやだ」

あくまでも自分《じぶん》がトップに立《た》ち、武士《ぶし》をしたがわせようとしていた後白河法皇《ごしらかわほうおう》は、ゆくゆくは頼朝《よりとも》と義経《よしつね》を戦《たたか》わせて、漁夫《ぎょふ》の利《り》を得《え》ようと考《かんが》えたのです。

「弟《おとうと》め」

義経《よしつね》が後白河法皇《ごしらかわほうおう》にとりこまれようとしているのを知《し》って、頼朝《よりとも》は怒《おこ》りました。

「なにをしているのだ。武家《ぶけ》の棟梁《とうりょう》である、わたしを通《とお》さずに、直接《ちょくせつ》、法皇《ほうおう》から官位《かんい》をさずけられるとは、おろかものめ」

それは、頼朝《よりとも》にとって、ゆるしがたいことでしたが、まだ平家《へいけ》と戦《たたか》っているさなかでしたので、すぐに義経《よしつね》をとがめたりしませんでした。

このころ、平家《へいけ》が西国《さいごく》で力《ちから》をもりかえし、*福原《ふくはら》までせまっていました。

「平家《へいけ》を追討《ついとう》せよ、義経《よしつね》」

後白河法皇《ごしらかわほうおう》に命《めい》じられ、義経《よしつね》は、源氏《げんじ》の兵《へい》をひきいて、福原《ふくはら》に向《む》かいます。

＊福原《ふくはら》……兵庫県《ひょうごけん》の瀬戸内海《せとないかい》に面《めん》した場所《ばしょ》にある地名《ちめい》。平清盛《たいらのきよもり》が都《みやこ》を造営《ぞうえい》した。

福原《ふくはら》の一ノ谷《いちのたに》で、義経《よしつね》は、目《め》もくらむような断崖絶壁《だんがいぜっぺき》から、平家《へいけ》の陣《じん》をみおろします。平家《へいけ》は、背後《はいご》の崖《がけ》から源氏《げんじ》が攻《せ》めてくるとは思《おも》いもせず、前方《ぜんぽう》に兵《へい》を向《む》けていました。

「義経《よしつね》さま。この崖《がけ》は馬《うま》でかけおりることはできません。まわり道《みち》をして、海側《うみがわ》から攻《せ》めるしかありません」

部下《ぶか》がそう言《い》うと、義経《よしつね》は、その土地《とち》に住《す》むものに、たずねました。

「鹿《しか》は、どうなのだ？」

「鹿《しか》は、かけおります」

義経《よしつね》は深《ふか》くうなずきます。

「鹿《しか》がおりるのなら、馬《うま》もできるだろう」

そして、義経《よしつね》はみずから馬《うま》に乗《の》って、崖《がけ》をかけおります。

「それっ、わたしにつづけっ」

源氏《げんじ》の兵《へい》たちは、大将《たいしょう》の義経《よしつね》にしたがい、われもわれもと崖《がけ》からかけおりていきました。

まさか、背後《はいご》の崖《がけ》から攻《せ》めてくるとは思《おも》わなかった平家《へいけ》は、あわてふためきます。こうして義経《よしつね》は、平家《へいけ》の陣《じん》に奇襲《きしゅう》をかけて、大勝利《だいしょうり》を源氏《げんじ》にもたらしました。世《よ》に名高《なだか》い、「ひよどりごえの逆《さか》おとし」と呼《よ》ばれる戦《たたか》いです。

福原《ふくはら》で義経《よしつね》に敗《やぶ》れたあと、平家《へいけ》は、いったんはしりぞきますが、西国《さいごく》の水軍《すいぐん》をあつめて、ふたたび東《ひがし》へ向《む》かってきました。

「よし、今度《こんど》こそ、平家《へいけ》をほろぼしてしまおう」

文治元年《ぶんじがんねん》（一一八五）、義経《よしつね》は出陣《しゅつじん》し、屋島《やしま》の戦《たたか》いに勝利《しょうり》して、平家《へいけ》を追《お》いつめます。そして、*長門国《ながとのくに》でくりひろげられた壇ノ浦《だんのうら》の海戦《かいせん》で、とうとう平家《へいけ》をほろぼしてしまいます。

「わたしが平家《へいけ》をほろぼしたぞ」

しかし、得意《とくい》の絶頂《ぜっちょう》にあった義経《よしつね》にたいして、兄《あに》の頼朝《よりとも》は、ついに決意《けつい》します。

「法皇《ほうおう》にたぶらかされている義経《よしつね》は、もはや、源氏《げんじ》にとっては、じゃまものだ。とりのぞくしかない」

ここにおいて、兄《あに》と弟《おとうと》は、決裂《けつれつ》します。

「兄《あに》は、わたしを誤解《ごかい》している」

義経《よしつね》は、なんとか兄《あに》の気持《きも》ちを変《か》えようとします。しかし、頼朝《よりとも》は義経《よしつね》をゆるさず、鎌倉《かまくら》に入《はい》ることを禁《きん》じます。

「兄上《あにうえ》、どうかわたしのこころをわかってください」

＊長門国《ながとのくに》……現在《げんざい》の山口県西部《やまぐちけんせいぶ》あたり。

義経《よしつね》は、鎌倉《かまくら》にいる兄《あに》へ、涙《なみだ》ながらに文《ふみ》を書《か》いて送《おく》ります。

けれど、どんなに言《い》ってもむだだと知《し》ると、義経《よしつね》は、兄《あに》との和解《わかい》をあきらめます。そして、兄《あに》をライバルとみなして、後白河法皇《ごしらかわほうおう》から、「頼朝追討《よりともついとう》」の宣旨《せんじ》（天皇《てんのう》の命《めい》を伝《つた》える文書《ぶんしょ》）をひきだします。

「兄《あに》をたおすぞ」

義経《よしつね》は、全国《ぜんこく》の武士《ぶし》たちに呼《よ》びかけて、頼朝《よりとも》と戦《たたか》おうとします。けれど、鎌倉《かまくら》に幕府《ばくふ》をかまえた武家《ぶけ》の棟梁《とうりょう》である頼朝《よりとも》にさからおうとする武士《ぶし》は、ほとんどいませんでした。

「無念《むねん》だ」

頼朝《よりとも》からさし向《む》けられた兵《へい》に追《お》われ、義経《よしつね》は、京《きょう》をのがれて、奥州《おうしゅう》の藤原氏《ふじわらし》をたよっておちのびていきます。

一方《いっぽう》、頼朝《よりとも》は、しゅうとの北条時政《ほうじょうときまさ》に大軍《たいぐん》をつけて、京都《きょうと》へ向《む》かわせます。そして、後白河法《ごしらかわほう》皇《おう》にせまりました。

「どうか、義経追討《よしつねついとう》の宣旨《せんじ》をだしていただきたい」

後白河法皇《ごしらかわほうおう》は、強大《きょうだい》な力《ちから》をもつ頼朝《よりとも》にさからうことができず、いやいや「義経追討《よしつねついとう》」の宣旨《せんじ》をだします。さらに、時政《ときまさ》は、要求《ようきゅう》します。

「義経《よしつね》を追討《ついとう》するために、全国《ぜんこく》に、守護《しゅご》・地頭《じとう》を置《お》くことを、みとめていただきたい」

後白河法皇《ごしらかわほうおう》は、いやいやながら、それもみとめました。

奥州《おうしゅう》におちのびた義経《よしつね》は、藤原秀衡《ふじわらのひでひら》のもとに身《み》をよせます。秀衡《ひでひら》は、義経《よしつね》をまもろうとしますが、病気《びょうき》で亡《な》くなってしまいます。

「よいか。義経《よしつね》どのを将軍《しょうぐん》にいただいて、頼朝《よりとも》には、けっして屈《くっ》するでないぞ」

秀衡《ひでひら》は、息子《むすこ》の泰衡《やすひら》に言《い》いのこします。しかし、泰衡《やすひら》は、頼朝《よりとも》をおそれました。

「このままでは、奥州《おうしゅう》が攻《せ》められる」

そう考《かんが》えた泰衡《やすひら》は、五百騎《き》をひきいて、衣川館《ころもがわのたて》に十数騎《すうき》の兵《へい》とともにいた義経《よしつね》をおそいます。

「ああ。なんという、めぐりあわせか。せっかく兄《あに》と対面《たいめん》できたのに、どうして、兄《あに》と戦《たたか》うようなことになったのだろう」

運命《うんめい》をなげきながら、義経《よしつね》は、持仏堂《じぶつどう》にこもり、自害《じがい》します。

三十一歳《さい》でした。

「これで、ゆるしてくださるだろう」

義経《よしつね》の首《くび》を美酒《びしゅ》のなかにつけて、泰衡《やすひら》は、鎌倉《かまくら》の頼朝《よりとも》に送《おく》ります。しかし、頼朝《よりとも》はもとより奥《おう》州《しゅう》を、このまま藤原氏《ふじわらし》のものにしておくつもりはありませんでした。

「おろかものめが、それでゆるされると思《おも》ったのか」

頼朝《よりとも》は、大軍《たいぐん》を送《おく》って、奥州《おうしゅう》を攻《せ》めます。そして、四代《だい》にわたって、奥州《おうしゅう》を支配《しはい》してきた藤原《ふじわら》氏《し》をほろぼしてしまいます。

弟《おとうと》である義経《よしつね》とのライバル対決《たいけつ》は、勝者《しょうしゃ》の頼朝《よりとも》に、はかりしれない利《り》をもたらしました。それは、全国《ぜんこく》に、守護《しゅご》・地頭《じとう》を置《お》くこと、さらに奥州藤原氏《おうしゅうふじわらし》をほろぼしたことです。このことで、頼朝《よりとも》のひきいる鎌倉幕府《かまくらばくふ》が、全国《ぜんこく》の支配《しはい》を確立《かくりつ》させたのです。

建久《けんきゅう》三年《ねん》（一一九二）、頼朝《よりとも》は、征夷大将軍《せいいたいしょうぐん》となり、名実《めいじつ》ともに鎌倉幕府《かまくらばくふ》を成立《せいりつ》させるのです。まさしく、このときをもって「貴族《きぞく》の世《よ》」は終《お》わり、清盛《きよもり》がのぞんでいた「武士《ぶし》の世《よ》」にとって変《か》わったのです。

しかし、もはや敵《てき》がいなくなった頼朝《よりとも》は、中央集権的《ちゅうおうしゅうけんてき》な政治体制《せいじたいせい》をつくりあげる道《みち》なかばで、正治元年《しょうじがんねん》（一一九九）、落馬《らくば》して死《し》んでしまいます。五十三歳《さい》でした。

コラム4

どちらが多《おお》くの武将《ぶしょう》を味方《みかた》にしたか

足利《あしかが》尊氏《たかうじ》と楠木正成《くすのきまさしげ》

足利尊氏《あしかがたかうじ》は、室町幕府《むろまちばくふ》をきずきあげた初代《しょだい》の将軍《しょうぐん》でした。その宿敵《しゅくてき》で、ライバルとされる武将《ぶしょう》の楠木正成《くすのきまさしげ》は、はじめのころは、尊氏《たかうじ》と親《した》しい間柄《あいだがら》でした。しかし、鎌倉幕府《かまくらばくふ》をともにたおし、後醍醐天皇《ごだいごてんのう》をささえようとしているなかで、ふたりはしだいに、考《かんが》え方《かた》が異《こと》なっていき、ついには、相手《あいて》をたおさなければ、自分《じぶん》がたおされるという、宿命《しゅくめい》のライバル武将《ぶしょう》となっていきます。

尊氏《たかうじ》は、その人柄《ひとがら》のよさから、多《おお》くの武家《ぶけ》たちにしたわれ、リーダーにまつりあげられていきます。

しかし、昔《むかし》のような天皇中心《てんのうちゅうしん》のまつりごとにもどそうと、「建武《けんむ》の新政《しんせい》」をおしすすめる後醍醐天皇《ごだいごてんのう》が、「尊氏追討《たかうじついとう》」の命《めい》をくだしたことで、尊氏《たかうじ》と楠木《くすのき》正成《まさしげ》は、敵同士《てきどうし》となります。

尊氏《たかうじ》は、いったんは正成《まさしげ》に敗《やぶ》れて、西《にし》へのがれます。

建武《けんむ》三年《ねん》（一三三六）、尊氏《たかうじ》は、九州《きゅうしゅう》から都《みやこ》に攻《せ》めのぼり、楠木正成《くすのきまさしげ》を「湊川《みなとがわ》の戦《たたか》い」でうち破《やぶ》ります。そして、北朝《ほくちょう》の光明天皇《こうみょうてんのう》を擁立《ようりつ》し、室町幕府《むろまちばくふ》を立《た》ちあげるのです。

楠木正成《くすのきまさしげ》は、朱子学《しゅしがく》の素養《そよう》と知略兵法《ちりゃくへいほう》を身《み》につけた、すぐれた戦術家《せんじゅつか》でした。しかし、時代《じだい》を逆《ぎゃく》もどりさせようとする後醍醐天皇《ごだいごてんのう》にしたがったこと、さらには尊氏《たかうじ》のような、多《おお》くの武家《ぶけ》たちに支持《しじ》される武将《ぶしょう》ではなかったことが、ライバルとの戦《たたか》いに敗《やぶ》れた原因《げんいん》と考《かんが》えられます。

第《だい》六章《しょう》

いずれが美《うつく》しいか 金《きん》閣《かく》寺《じ》と銀《ぎん》閣《かく》寺《じ》

息《いき》をのむような美《うつく》しさで、いまも、ずばぬけた人気《にんき》の高《たか》さをほこる金閣寺《きんかくじ》と銀閣寺《ぎんかくじ》。

室町時代《むろまちじだい》に、ときの将軍《しょうぐん》、足利義満《あしかがよしみつ》と足利義政《あしかがよしまさ》によってきずかれた金閣寺《きんかくじ》と銀閣寺《ぎんかくじ》は、まさに、美《び》とはなにかを見《み》る人《ひと》に感《かん》じさせる好対照《こうたいしょう》といえるでしょう。

金閣寺《きんかくじ》は、応永《おうえい》四年《ねん》（一三九七）、室町幕府《むろまちばくふ》の三代将軍《だいしょうぐん》、足利義満《あしかがよしみつ》によって、京都《きょうと》北山《きたやま》にきずきあげられました。

もともと、この北山《きたやま》の地《ち》には、鎌倉時代《かまくらじだい》の元仁元年《げんにんがんねん》（一二二四）に、藤原公経《ふじわらのきんつね》（西園寺公経《さいおんじきんつね》）が西園寺《さいおんじ》をたて、あわせて山荘《さんそう》としていました。それから、西園寺家《さいおんじけ》がこの地《ち》を代々所有《だいだいしょゆう》していましたが、鎌倉幕府《かまくらばくふ》が滅亡《めつぼう》したあと、あるじの西園寺公宗《さいおんじきんむね》が、不穏《ふおん》なくわだてをしたのです。

「後醍醐天皇《ごだいごてんのう》を招《まね》いて、暗殺《あんさつ》しよう」

けれど、そのくわだては成功《せいこう》しませんでした。

「おろかなことを」

暗殺計画《あんさつけいかく》がばれて、西園寺《さいおんじ》の所有《しょゆう》していた財産《ざいさん》はすべて没収《ぼっしゅう》され、公宗《きんむね》は処刑《しょけい》されてしまいました。

そのあと、ときはすぎていきました。

そして、北山《きたやま》の地《ち》は、無人《むじん》のままに、荒《あ》れはてていったのです。

ところが、足利義満《あしかがよしみつ》がこの北山《きたやま》の地《ち》をおとずれたときに、その地《ち》のたたずまいが、ひどく気《き》に入《い》ったのです。

「うむ。なかなか、いいではないか」

義満《よしみつ》は、かつて、まだ五歳《さい》のころに、泊《と》まった摂津《せっつ》*の景色《けしき》が気《き》に入《い》って、家臣《かしん》らに、こう命《めい》じたことがありました。

——ここの景色《けしき》はいいなあ。京都《きょうと》にもってかえろう。おまえら、かついでいけ。

家臣《かしん》たちは、おどろきました。

——五歳《さい》というのに、なんという、気宇壮大《きうそうだい》さ（心《こころ》の持《も》ち方《かた》がひとなみはずれて大《おお》きく立派《りっぱ》な

＊摂津《せっつ》……現在《げんざい》の大阪府北部《おおさかふほくぶ》と兵庫県南東部《ひょうごけんなんとうぶ》のあたり。

様子《ようす》）であろうか。

おさないころから、美《うつく》しい風景《ふうけい》をこよなく愛《あい》する性格《せいかく》の義満《よしみつ》にとって、北山《きたやま》の地《ち》は、そのここ
ろにかなう場所《ばしょ》だったのです。

「この地《ち》に、まるで、天《てん》に飛《と》びたつ鳥《とり》のような金色《こんじき》の楼閣《ろうかく》をつくろう」

義満《よしみつ》は思《おも》いました。

そのとき、義満《よしみつ》は、三代将軍《だいしょうぐん》として、三十年《ねん》あまりにわたって、天下《てんか》を支配《しはい》したあと、応永元
年《おうえいがんねん》（一三九四）に、息子《むすこ》の義持《よしもち》に将軍職《しょうぐんしょく》をゆずっていましたが、実権《じっけん》はにぎったままでした。

「ここを、わたしの北山山荘《きたやまさんそう》にしよう」

応永《おうえい》四年《ねん》、義満《よしみつ》は、すぐれた名工《めいこう》と腕《うで》ききの庭師《にわし》たちをあつめて、粋《すい》をきわめた寺《てら》と山荘《さんそう》をつ
くりあげました。

三層《そう》からなる楼閣《ろうかく》と、きらびやかな金箔《きんぱく》をほどこした建物《たてもの》に、義満《よしみつ》は満足《まんぞく》しました。

その二十年前《ねんまえ》に、義満《よしみつ》が造営《ぞうえい》した、室町幕府《むろまちばくふ》の「花《はな》の御所《ごしょ》」と同《おな》じひろさをもった、この北山《きたやま》
山荘《さんそう》は、「北山殿《きたやまどの》」とか、「北山第《きたやまてい》」と呼《よ》ばれるようになりました。

「よし、ここで、わたしはまつりごとをおこなおう」

義満《よしみつ》は、応永《おうえい》五年《ねん》（一三九八）春《はる》から、この北山山荘《きたやまさんそう》にうつり住《す》みました。

こうして、「北山殿《きたやまどの》」は、「花《はな》の御所《ごしょ》」にかわって、義満《よしみつ》がまつりごとをとりおこなう場所《ばしょ》となっていったのです。

銀閣寺《ぎんかくじ》は、文明《ぶんめい》十四年《ねん》（一四八二）、室町幕府《むろまちばくふ》の八代将軍《だいしょうぐん》であった足利義政《あしかがよしまさ》によって、造営《ぞうえい》がはじまりました。

京都《きょうと》東山《ひがしやま》の月待山麓《つきまちさんろく》にあるこの地《ち》は、もともとは応仁《おうにん》の乱《らん》で焼《や》けほろんだ浄土寺《じょうどじ》のあったところでした。

「うむ」

義政《よしまさ》は、この東山《ひがしやま》の地《ち》のおもむきが、気《き》に入《い》ったのです。

「なかなか風情《ふぜい》があるではないか」

そのころ、義政《よしまさ》は、文明《ぶんめい》五年《ねん》（一四七三）に、子《こ》の足利義尚《あしかがよしひさ》に将軍職《しょうぐんしょく》をゆずり、気《き》ままな隠居《いんきょ》の暮《く》らしを楽《たの》しんでいました。

しかし、応仁元年《おうにんがんねん》（一四六七）からはじまった応仁《おうにん》の乱《らん》により、細川勝元《ほそかわかつもと》の東軍《とうぐん》と、山名宗全《やまなそうぜん》の西軍《せいぐん》に分《わ》かれた軍兵《ぐんぴょう》によって、十一年《ねん》ものあいだ、乱《らん》の都《みやこ》は戦火《せんか》につつまれ、各地《かくち》が荒《あ》れはてていきました。

それでも、義政《よしまさ》は、そうしたことにたいして、無関心《むかんしん》そのものでした。

「わたしは、いくさも、まつりごとも、きらいじゃ」

いくさがあろうと、なにがあろうと、義政《よしまさ》にとっては、どうでもいいことでした。

「書画《しょが》や、茶《ちゃ》の湯《ゆ》、香道《こうどう》、それら風流《ふうりゅう》なものばかりをまわりにあつめて、わたしは暮《く》らしたい」

そう願《ねが》う義政《よしまさ》にとって、東山《ひがしやま》の月待山麓《つきまちさんろく》の地《ち》は、まさしく、それをかなえるかっこうの場所《ばしょ》にうつったのです。

「ここに、祖父《そふ》の義満公《よしみつこう》がきずいた北山殿《きたやまどの》に負《ま》けないような、理想《りそう》の山荘《さんそう》、東山殿《ひがしやまどの》をきずこう」

義政《よしまさ》は、いくさのあとの苦《くる》しい生活《せいかつ》を送《おく》っている民《たみ》に、平気《へいき》で、重《おも》い税《ぜい》と労役《ろうえき》を課《か》して、東山《ひがしやま》殿《どの》の造営《ぞうえい》をすすめました。

こうして、東山殿《ひがしやまどの》は、こよなく風流《ふうりゅう》を愛《あい》する義政《よしまさ》によって、きずかれていきました。

北山殿《きたやまどの》は、応永《おうえい》十五年《ねん》（一四〇八）に、義満《よしみつ》が死《し》ぬと、その子《こ》で、四代《だい》めの将軍《しょうぐん》である義持《よしもち》が住《す》みつきました。そのあとは、義満《よしみつ》の妻《つま》である日野康子《ひのやすこ》が住《す》みつきました。

応永《おうえい》二十七年《ねん》（一四二〇）、北山殿《きたやまどの》は、義満《よしみつ》の遺言《ゆいごん》により、禅寺《ぜんでら》とされました。そして、義満《よしみつ》の法名《ほうみょう》、「鹿苑院殿《ろくおんいんどの》」から、「鹿苑寺《ろくおんじ》」と名《な》づけられたのです。

建物《たてもの》の内外《ないがい》にまばゆいばかりの金箔《きんぱく》をはりつけた三層《そう》の楼閣《ろうかく》である舎利殿《しゃりでん》は、いつしか「金閣《きんかく》寺《じ》」と、呼《よ》ばれるようになりました。

東山殿《ひがしやまどの》は、延徳《えんとく》二年《ねん》（一四九〇）、義政《よしまさ》が死《し》んだあと、寺《てら》にあらためられ、慈照寺《じしょうじ》と名《な》づけられました。

そして、木造《もくぞう》二階《かい》建《だ》ての楼閣《ろうかく》、慈照寺観音殿《じしょうじかんのんでん》は、江戸時代以降《えどじだいいこう》、北山《きたやま》の「金閣寺《きんかくじ》」とならぶかたちで、東山《ひがしやま》の「銀閣寺《ぎんかくじ》」と呼《よ》ばれるようになりました。

義政《よしまさ》は、観音殿《かんのんでん》には、祖父《そふ》の「金閣寺《きんかくじ》」に対抗《たいこう》して、建物《たてもの》の内外《ないがい》に銀箔《ぎんぱく》をはりつけるつもりでいました。

ところが、それは実現《じつげん》しなかったのです。

「そんな、ぜいたくはゆるしません」

義政《よしまさ》の妻《つま》であり、幕府《ばくふ》の財政《ざいせい》をしきっていた日野富子《ひのとみこ》が、いっさい資金《しきん》をだそうとしなかったからです。

しかし、黒漆《くろうるし》のぬられた銀閣寺《ぎんかくじ》は、きらびやかな金閣寺《きんかくじ》とは異《こと》なる、渋《しぶ》くて、簡素《かんそ》な美《うつく》しさで、人々《ひとびと》をひきつけてやまないものとなっていきました。

夢《ゆめ》のようにまばゆい黄金色《こがねいろ》の金閣寺《きんかくじ》。

しずかで風雅《ふうが》なたたずまいの銀閣寺《ぎんかくじ》。

永遠《えいえん》のライバルといえる、このふたつの寺《てら》は、「世界遺産《せかいいさん》」として、日本《にほん》が世界《せかい》にほこる、美《び》の楼閣《ろうかく》といえるでしょう。

第《だい》七章《しょう》

まさしく、好敵手《こうてきしゅ》 信玄《しんげん》と謙信《けんしん》

「後途《ごど》の勝《か》ちが、たいせつだ」

武田信玄《たけだしんげん》は、つねづね、そう言《い》ってやみませんでした。

——後途《ごど》、つまり、のちのちの勝《か》ち、最終的《さいしゅうてき》な勝《か》ちは、いくさのあと、どれだけの領地《りょうち》がとれたか、である。これが一番《ばん》たいせつなことだ。

こう考《かんが》えていたのです。

上杉謙信《うえすぎけんしん》の信念《しんねん》は、これとまったく異《こと》なります。

「領地《りょうち》をとる、とらないなど、どうでもよい。たいせつなのは、弓矢《ゆみや》の正《ただ》しさだ」

謙信《けんしん》は、国《くに》とりのためには戦《たたか》わないと言《い》いきったのです。

「わたしは、ただ、ただ、正義《せいぎ》のために戦《たたか》う」

それこそが、謙信《けんしん》の生涯《しょうがい》変《か》わらぬモットーでした。

*1『甲斐《かい》の虎《とら》』と呼《よ》ばれた、武田信玄《たけだしんげん》。
*2『越後《えちご》の龍《りゅう》』と呼《よ》ばれた、上杉謙信《うえすぎけんしん》。

　このふたりこそは、永遠《えいえん》のライバルでした。ふたりは、あわせて五度《ど》も戦《たたか》いましたが、その勝《しょう》負《ぶ》はつかなかったのです。

　大永元年《だいえいがんねん》（一五二一）、信玄《しんげん》は、四方《しほう》を高《たか》い山《やま》にかこまれた、甲斐《かい》の国《くに》に生《う》まれました。幼名《ようみょう》は、太郎《たろう》、勝千代《かつちよ》。

　父《ちち》は、武田信虎《たけだのぶとら》。無類《むるい》のいくさ好《ず》きで知《し》られ、たえず、まわりの国《くに》といくさをしている猛将《もうしょう》でした。

「きさまには、家督《かとく》をゆずらぬ」

　信虎《のぶとら》は、嫡子《ちゃくし》の太郎《たろう》をきらい、弟《おとうと》の信繁《のぶしげ》につがせようとしていました。

　天文五年《てんぶんねん》（一五三六）、十六歳《さい》で元服《げんぷく》して、晴信《はるのぶ》と名《な》のるようになりました。そして、十一月《がつ》、父《ちち》の信虎《のぶとら》が攻《せ》めきれなかった*3海ノ口城主《うみのくちじょうしゅ》の平賀源心《ひらがげんしん》を、一夜《いちや》にして、攻《せ》めおとしたのです。

「むちゃないくさばかりしている信虎《のぶとら》さまにかわって、晴信《はるのぶ》さまに、甲斐《かい》のあるじになっていた

*1 甲斐《かい》……現在《げんざい》の山梨県《やまなしけん》あたり。*2 越後《えちご》……現在《げんざい》の新潟県《にいがたけん》の島《しま》をのぞいたあたり。
*3 海ノ口城《うみのくちじょう》……現在《げんざい》の長野県南佐久郡《ながのけんみなみさくぐん》にあった城《しろ》。

だこう」

重臣《じゅうしん》たちはささやくようになりました。

天文《てんぶん》十年《ねん》（一五四一）、二十一歳《さい》の晴信《はるのぶ》は、重臣《じゅうしん》たちの協力《きょうりょく》を得《え》て、父《ちち》の信虎《のぶとら》を駿河《するが》*1に追放《ついほう》し、甲斐《かい》の国主《こくしゅ》となりました。

晴信《はるのぶ》がまず手《て》をつけたのは、洪水《こうずい》をふせぐ堤防《ていぼう》「信玄堤《しんげんづつみ》」でした。この事業《じぎょう》により、甲斐《かい》の国《くに》の耕作地《こうさくち》は、おおきくひろがったのです。

「他国《たこく》に侵略《しんりゃく》されないためには、大国《たいこく》にならねばならない。もっと、もっと、国《くに》をひろげなくては」

そう思《おも》った晴信《はるのぶ》は、

――はやきこと、風《かぜ》のごとく。しずかなること、林《はやし》のごとし。侵《おか》し掠《かす》めること（他国《たこく》に侵入《しんにゅう》して略奪《りゃくだつ》すること）、火《ひ》のごとく。動《うご》かざること、山《やま》のごとし。

と、中国《ちゅうごく》の兵法書《へいほうしょ》『孫子《そんし》』から引用《いんよう》した「風林火山《ふうりんかざん》」の旗《はた》をかかげて、まわりの国《くに》の領土《りょうど》をうばおうと、いくさをはじめました。

まず、目《め》をつけたのは、小《ちい》さな盆地《ぼんち》ごとに武将《ぶしょう》たちが支配《しはい》している信濃《しなの》*2でした。

（信濃《しなの》は、四十万石《まんごく》も米《こめ》がとれる。甲斐《かい》の二十二万石《まんごく》とあわせれば、六十二万石《まんごく》の大国《たいこく》となれる）

*1 駿河《するが》……現在《げんざい》の静岡県中部《しずおかけんちゅうぶ》・北東部《ほくとうぶ》あたり。*2 信濃《しなの》……現在《げんざい》の長野県《ながのけん》あたり。

晴信《はるのぶ》は、妹《いもうと》の婿《むこ》であった諏訪頼重《すわよりしげ》を、はかりごとをもちいて自害《じがい》に追《お》いこみ、つぎつぎと、信《し》濃《な》の領土《りょうど》をうばっていきました。まず南信濃《みなみしなの》を手《て》に入《い》れ、さらに、北信濃《きたしなの》にねらいをつけました。しかし、北信濃《きたしなの》の小笠原長時《おがさわらながとき》と村上義清《むらかみよしきよ》をいくさで破《やぶ》り、その領土《りょうど》をうばおうとしたときでした。晴信《はるのぶ》の前《まえ》に、立《た》ちはだかったのが、越後《えちご》の上杉謙信《うえすぎけんしん》でした。

享禄三年《きょうろくねん》（一五三〇）、謙信《けんしん》は、越後守護代《えちごしゅごだい》の長尾為景《ながおためかげ》の次男《じなん》として、春日山城《かすがやまじょう》で生《う》まれました。幼名《ようみょう》は、虎千代《とらちよ》。

そのころ、越後《えちご》は、多《おお》くの武将《ぶしょう》たちが乱立《らんりつ》し、たがいに領土《りょうど》をうばいあって、血《ち》で血《ち》をあらうような、いくさがつづいていました。

「おまえは、坊主《ぼうず》になれ」

虎千代《とらちよ》は、父《ちち》によって、おさないころに、寺《てら》に追《お》いやられました。そこで、虎千代《とらちよ》は、仏法《ぶっぽう》を学《まな》び、その守護神《しゅごじん》である「毘沙門天《びしゃもんてん》」を信仰《しんこう》するようになりました。

「わたしは、毘沙門天《びしゃもんてん》の化身《けしん》である」

虎千代《とらちよ》は、みずからのことをそう信《しん》じるようになりました。

天文十一年《てんぶんねん》（一五四二）、父《ちち》の為景《ためかげ》が死《し》に、兄《あに》の晴景《はるかげ》が春日山城《かすがやまじょう》のあとをついで、守護代《しゅごだい》となりました。しかし、兄《あに》には越後《えちご》をまとめる力《ちから》がなく、有力《ゆうりょく》な豪族《ごうぞく》たちが、各地《かくち》で領土《りょうど》あらそいをつづけたのです。

天文《てんぶん》十二年《ねん》（一五四三）、十四歳《さい》で、虎千代《とらちよ》は兄《あに》に呼《よ》ばれ、寺《てら》をでることになりました。元服《げんぷく》して、長尾景虎《ながおかげとら》と名《な》のり、中越《ちゅうえつ》にある栃尾城《とちおじょう》をまもることになったのです。

「あのような、こわっぱが、城主《じょうしゅ》になるとは、しゃらくさい」

中越《ちゅうえつ》の豪族《ごうぞく》たちは、まだ若《わか》い景虎《かげとら》をなめきって、つぎつぎと反旗《はんき》をひるがえしました。ところが、景虎《かげとら》は、内乱《ないらん》を起《お》こした武将《ぶしょう》たちを、力《ちから》でうち破《やぶ》っていったのです。

「なんと強《つよ》い」

「景虎《かげとら》さまは、いまだ一度《ど》も、敗《やぶ》れたことがない」

「まさに、毘沙門天《びしゃもんてん》の生《う》まれ変《か》わりのようだ」

越後《えちご》の豪族《ごうぞく》たちのあいだで、景虎《かげとら》を守護代《しゅごだい》にという声《こえ》がわきあがってきました。景虎《かげとら》なら、ばらばらの越後《えちご》をひとつにまとめてくれるのではないかという声《こえ》に、兄《あに》の晴景《はるかげ》は怒《おこ》り、景虎《かげとら》といくさをはじめました。

景虎《かげとら》は兄《あに》とのいくさに勝《か》ち、十九歳《さい》で、春日山城《かすがやまじょう》に入《はい》って、守護代《しゅごだい》となったのです。

そして、天文《てんぶん》二十年《ねん》（一五五一）、八月《がつ》、景虎《かげとら》は二十二歳《さい》で、越後《えちご》の内乱《ないらん》を平定《へいてい》し、統一《とういつ》をはたしました。

天文《てんぶん》二十二年《ねん》(一五五三)、信濃守護《しなのしゅご》の小笠原長時《おがさわらながとき》と葛尾城《かつらおじょう》の村上義清《むらかみよしきよ》が、武田晴信《たけだはるのぶ》に敗《やぶ》れて、すくいを求《もと》めてきました。

「武田《たけだ》に、領土《りょうど》をうばわれてしまいました。どうぞ、助《たす》けてくだされ」

景虎《かげとら》は、うなずきました。

「他国《たこく》を侵略《しんりゃく》してやまない武田《たけだ》はゆるせぬ。わたしに、まかせてくれ」

こうして、のちの世《よ》に名高《なだか》い、武田信玄《たけだしんげん》と上杉謙信《うえすぎけんしん》の、五度《ど》にわたる「川中島《*かわなかじま》の合戦《かっせん》」がくりひろげられるようになったのです。

天文《てんぶん》二十二年《ねん》八月《がつ》、晴信《はるのぶ》がひきいる一万《まん》の武田軍《たけだぐん》と、景虎《かげとら》がひきいる八千《せん》の上杉軍《うえすぎぐん》が、川中島《かわなかじま》で対戦《たいせん》しました。

「武田《たけだ》をうち負《ま》かすぞ」

景虎《かげとら》は、一気《いっき》に勝負《しょうぶ》をつけようとしました。

しかし、晴信《はるのぶ》のほうは、軍師《ぐんし》の山本勘助《やまもとかんすけ》の「景虎《かげとら》とはまともに戦《たたか》ってはなりませぬ」というこ

*川中島《かわなかじま》……現在《げんざい》の長野県長野市《ながのけんながのし》の南《みなみ》のほうにある地名《ちめい》。千曲川《ちくまがわ》と犀川《さいがわ》が合流《ごうりゅう》するあたり。(五回《かい》の合戦《かっせん》はここを中心《ちゅうしん》とする地域《ちいき》でおこなわれた)

とばにしたがい、まともに決戦《けっせん》することなく、かわしつづけました。

この一度目《どめ》の川中島《かわなかじま》のいくさは、勝敗《しょうはい》がつかずに、武田《たけだ》も上杉《うえすぎ》も兵《へい》をひいていったのです。

「まだいくさで負《ま》けたことのない、という長尾景虎《ながおかげとら》か。やっかいな男《おとこ》がでてきたな」

晴信《はるのぶ》は、景虎《かげとら》といくさをするためには、東《ひがし》の北条氏康《ほうじょううじやす》と、南《みなみ》の今川義元《いまがわよしもと》と、手《て》をむすばなくてはならないと考《かんが》えました。

そこで、武田《たけだ》、北条《ほうじょう》、今川《いまがわ》の三家《け》が、たがいに婚姻《こんいん》を通《つう》じて、「三国同盟《さんごくどうめい》」をかわすことにしたのです。

「よし。これで、こころおきなく、景虎《かげとら》といくさができるぞ」

そのころ、景虎《かげとら》は、上洛《じょうらく》をはたしていました。

後奈良天皇《ごならてんのう》に会《あ》って、越後《えちご》の国主《こくしゅ》とみとめてもらったのです。さらに、室町幕府《むろまちばくふ》の将軍《しょうぐん》、足利義輝《あしかがよしてる》に会《あ》いました。

その当時《とうじ》、将軍《しょうぐん》とは名《な》ばかりで、三好長慶《みよしながよし》や松永弾正《まつながだんじょう》といった家臣《かしん》たちが好《す》き勝手《かって》にふるまい、義輝《よしてる》はいつ暗殺《あんさつ》されるかわかりませんでした。

「将軍《しょうぐん》をないがしろにするとは、なんたるやつらだ」

怒《おこ》った景虎《かげとら》は、義輝《よしてる》に言《い》いました。

「わたしが、やつらを京《きょう》から追《お》いはらってさしあげましょう」

しかし、義輝《よしてる》は、そのもうしでをことわりました。もしも追《お》いはらっても、景虎《かげとら》が越後《えちご》に帰《かえ》れば、ふたたび、三好《みよし》も松永《まつなが》も京《きょう》へまいもどってくることがわかっていたからです。

（やむをえぬ）

景虎《かげとら》は、義輝《よしてる》のもとを去《さ》り、高野山《こうやさん》に立《た》ちよって、越後《えちご》にもどりました。


弘治元年《こうじがんねん》（一五五五）、川中島《かわなかじま》で、武田《たけだ》と上杉《うえすぎ》の二度目《どめ》のいくさが起《お》こりました。

両軍《りょうぐん》は、一度《ど》はげしくぶつかったあとは、犀川《さいがわ》をはさんで、八月《がつ》、九月《がつ》と、たがいに、にらみあう持久戦《じきゅうせん》になりました。

いくさが長《なが》びくのは、武田《たけだ》、上杉《うえすぎ》、どちらにとっても、好《この》ましくありませんでした。そこで、晴信《はるのぶ》は、今川義元《いまがわよしもと》に、仲《なか》だちをたのみました。

そして、閏《うるう》十月《がつ》十五日《にち》、今川義元《いまがわよしもと》の仲《なか》だちにより、両軍《りょうぐん》は講和《こうわ》したのです。

川中島《かわなかじま》から、七か月《げつ》ぶりに、越後《えちご》にもどった景虎《かげとら》を待《ま》っていたのは、家臣《かしん》たちの領土《りょうど》あらそいでした。

「そなたら、勝手《かって》にするがいい。わたしは、出家《しゅっけ》する」

弘治二年《こうじねん》（一五五六）、家臣《かしん》たちのみにくいあらそいが、つくづくいやになった景虎《かげとら》は、春日山《かすがやま》をでて、比叡山《ひえいざん》の延暦寺《えんりゃくじ》にこもってしまいました。

家臣《かしん》たちはあわてました。

「また、越後《えちご》がばらばらになってしまう」

「このままでは、武田《たけだ》にほろぼされる」

もう、領土《りょうど》あらそいはいたしませんという、ちかいの文《ふみ》を書《か》いて、家臣《かしん》たちは景虎《かげとら》を呼《よ》びもどそうとしました。

八月《がつ》、家臣《かしん》たちのたのみを聞《き》いて、景虎《かげとら》は春日山《かすがやま》にもどりました。

弘治三年《こうじねん》（一五五七）、川中島《かわなかじま》で、武田軍《たけだぐん》と上杉軍《うえすぎぐん》との、三度目《どめ》のいくさがおこなわれました。

しかし、晴信《はるのぶ》が決戦《けっせん》を避《さ》けたので、両軍《りょうぐん》はひきあげました。

永禄《えいろく》二年《ねん》（一五五九）、四月《がつ》、景虎《かげとら》は五千《せん》の兵《へい》をひきいて、ふたたび上洛《じょうらく》し、将軍《しょうぐん》の足利義輝《あしかがよしてる》と会《あ》って、信濃《しなの》への出兵《しゅっぺい》のゆるしをもらいました。

永禄《えいろく》四年《ねん》（一五六一）、景虎《かげとら》は、関東《かんとう》に出陣《しゅつじん》しました。

景虎《かげとら》の強《つよ》さと正義感《せいぎかん》にひかれて、武将《ぶしょう》たちがあつまってきました。

景虎《かげとら》は、十二万《まん》の兵《へい》で、北条氏康《ほうじょううじやす》の小田原城《おだわらじょう》をとりかこんだのです。けれど、氏康《うじやす》は、景虎《かげとら》をおそれ、城《しろ》にこもって、でてこようとしませんでした。

閏三月《うるうがつ》、景虎《かげとら》は、鎌倉《かまくら》の鶴岡八幡宮《つるがおかはちまんぐう》で関東管領《かんとうかんれい》となり、上杉政虎《うえすぎまさとら》と名《な》をあらためました。

謙信《けんしん》が北条《ほうじょう》を攻《せ》めているあいだに、信玄《しんげん》は、いったんは手《て》ばなした北信濃《きたしなの》を、ちゃくちゃくと、とりもどしていきました。

「武田《たけだ》め、またも信濃《しなの》をうばおうとしているのか」

永禄《えいろく》四年《ねん》の八月《がつ》、謙信《けんしん》は、一万八千《まんせん》の兵《へい》をひきいて、川中島《かわなかじま》へ向《む》かいました。それを聞《き》いた信《しん》玄《げん》は、約《やく》二万《まん》の兵《へい》をひきいて、甲府《こうふ》を出陣《しゅつじん》しました。

ここに、四度目《どめ》の川中島《かわなかじま》のいくさがおこなわれることになったのです。

妻女山《さいじょさん》に布陣《ふじん》した上杉軍《うえすぎぐん》と、茶臼山《ちゃうすやま》に布陣《ふじん》した武田軍《たけだぐん》は、千曲川《ちくまがわ》をはさんで、六日間《むいかかん》にわたって、にらみあいました。

「今度《こんど》こそは、まっこうから戦《たたか》う」

そう決意《けつい》した信玄《しんげん》は、軍師《ぐんし》の山本勘助《やまもとかんすけ》の立《た》てたキツツキ戦法《せんぽう》をもちいることにしました。

それは、兵《へい》を二手《ふたて》に分《わ》けて、一隊《いったい》は、妻女山《さいじょさん》にいる謙信《けんしん》をおそい、もう一隊《いったい》は、川中島《かわなかじま》で待《ま》ちかまえるというものでした。

しかし、それをみぬいた謙信《けんしん》は、九月十日《がつとおか》の朝《あさ》、一部《ぶ》をのこして、一万《まん》二千《せん》の兵《へい》で、妻女山《さいじょさん》をひそかにでました。そして、濃《こ》い霧《きり》のなか、川中島《かわなかじま》に布陣《ふじん》している信玄《しんげん》めがけて、すすんでいきました。

武田軍《たけだぐん》は、主力部隊《しゅりょくぶたい》一万《まん》二千《せん》を妻女山《さいじょさん》に向《む》かわせたために、川中島《かわなかじま》の信玄隊《しんげんたい》は、八千《せん》しかいなかったのです。

濃《こ》い霧《きり》の向《む》こうに信玄隊《しんげんたい》をみとめて、謙信《けんしん》は確信《かくしん》しました。

(よし、勝《か》ったぞ)

謙信《けんしん》は命《めい》じました。

「みなのもの、『車《くるま》がかりの陣《じん》』で攻《せ》めよ」

車輪《しゃりん》が回転《かいてん》しながら、つぎつぎと新手《あらて》をくりだしていく、おそるべき戦法《せんぽう》で、一万《まん》二千《せん》の上杉《うえすぎ》軍《ぐん》は、八千《せん》の武田軍《たけだぐん》をおそいました。

「しまった。キツツキ戦法《せんぽう》が見破《みやぶ》られたか」

信玄《しんげん》は、あせりました。

「よいか、『鶴翼《かくよく》の陣《じん》』をとれっ」

妻女山《さいじょさん》に向《む》かった主力部隊《しゅりょくぶたい》がもどってくるまで、鶴《つる》が翼《つばさ》をひろげた陣形《じんけい》でもちこたえられれば、いくさに勝利《しょうり》できる。

攻《せ》めたてられながら、信玄《しんげん》は、主力部隊《しゅりょくぶたい》がもどってくるのを待《ま》ちました。

そのときでした。

謙信《けんしん》が、単身《たんしん》、馬《うま》に乗《の》ってあらわれ、太刀《たち》をふりかざして、信玄《しんげん》をおそったのです。

「信玄《しんげん》っ。わが太刀《たち》を受《う》けよっ」

一の太刀《たち》、二の太刀《たち》、三の太刀《たち》と、その勢《いきお》いはすさまじいものでしたが、信玄《しんげん》は、軍配団扇《ぐんばいうちわ》でかろうじて、受《う》けとめました。家臣《かしん》たちがあわてて、信玄《しんげん》をまもりました。

「無念《むねん》、うち損《そん》じたか」

謙信《けんしん》は、走《はし》り去《さ》っていきました。

武田軍《たけだぐん》は、上杉軍《うえすぎぐん》におしまくられて、戦死《せんし》するものがあいつぎ、いまにも敗走《はいそう》しそうになって

いました。軍師《ぐんし》の山本勘助《やまもとかんすけ》は、みずからのキツツキ戦法《せんぽう》の失敗《しっぱい》を恥《は》じて、戦死《せんし》し、さらに信玄《しんげん》の弟《おとうと》の信繁《のぶしげ》も戦死《せんし》したのです。

午前《ごぜん》十時《じ》ごろ、ようやく武田《たけだ》の主力部隊《しゅりょくぶたい》が本陣《ほんじん》へもどってきました。一万《まん》二千《せん》の新手《あらて》が上杉軍《うえすぎぐん》をおそい、形勢《けいせい》は逆転《ぎゃくてん》しました。

「ひけっ」

謙信《けんしん》は、上杉軍《うえすぎぐん》に命《めい》じました。

こうして、四度目《どめ》の川中島《かわなかじま》のいくさは、これまでにない、すさまじい決戦《けっせん》となりました。武田《たけだ》の死者《ししゃ》は、五千《せん》。上杉《うえすぎ》の死者《ししゃ》は三千《ぜん》。川中島《かわなかじま》は、るいるいと横《よこ》たわる死者《ししゃ》たちの血《ち》で、真《ま》っ赤《か》に染《そ》まったのです。

永禄《えいろく》七年《ねん》（一五六四）、五度目《どめ》の川中島《かわなかじま》のいくさがおこなわれました。

しかし、信玄《しんげん》は、まともに戦《たたか》おうとはしませんでした。謙信《けんしん》とのいくさは、あまりにも犠牲《ぎせい》がおおきいと、知《し》ったからです。

(謙信《けんしん》とは、もう戦《たたか》わぬ)

信玄《しんげん》の野心《やしん》は、上京《じょうきょう》して、ゆくゆくは天下統一《てんかとういつ》をはたすことでした。

永禄《えいろく》十年《ねん》（一五六七）から、信玄《しんげん》は、桶狭間《おけはざま》の戦《たたか》いで織田信長《おだのぶなが》に殺《ころ》された今川義元《いまがわよしもと》のあとつぎ、氏真《うじざね》を攻《せ》めたてました。そして、永禄《えいろく》十二年《ねん》（一五六九）、駿河《するが》を完全《かんぜん》に手《て》に入《い》れ、領土《りょうど》が百万石《まんごく》を超《こ》えるようになりました。

そんな信玄《しんげん》のもとへ、元亀《げんき》三年《ねん》（一五七二）、足利義昭《あしかがよしあき》から、文《ふみ》が届《とど》きました。

――信長《のぶなが》をたおして、京《きょう》へのぼれ。

（よし、ときがきた）

信玄《しんげん》は、ついに天下《てんか》とりへ動《うご》きだしました。

（信長《のぶなが》をたおして、京《きょう》へのぼるぞ）

三方ケ原《みかたがはら》で、徳川家康《とくがわいえやす》をうち破《やぶ》ると、織田信長《おだのぶなが》と決戦《けっせん》するために、西《にし》へ向《む》かいました。しかし、そのとちゅうで、信玄《しんげん》は病《やまい》におちたのです。

（無念《むねん》、こころざしなかばで……）

信玄《しんげん》は、信濃《しなの》の駒場《こまば》で、五十三年《ねん》の生涯《しょうがい》を閉《と》じました。そのとき、あとつぎの勝頼《かつより》を呼《よ》んで、こう遺言《ゆいごん》しました。

「わが死《し》を三年《ねん》、かくせ。謙信《けんしん》とは戦《たたか》うな。謙信《けんしん》はたのまれれば、いやとは言《い》わぬ男《おとこ》だ。いざとなれば、謙信《けんしん》をたよれ」

「なに、信玄《しんげん》が死《し》んだのか」

謙信《けんしん》は、一晩《ひとばん》じゅう、琵琶《びわ》をかきならして、信玄《しんげん》の死《し》を悲《かな》しみました。

そして、「信玄《しんげん》のいない信濃《しなの》と甲斐《かい》を攻《せ》めましょう」という、家臣《かしん》たちのすすめをこばんだのです。

「信玄《しんげん》と戦《たたか》ってとれなかった領土《りょうど》を、あとつぎから、うばうことなど、できぬ」

天正三年《てんしょうねん》（一五七五）、信玄《しんげん》のあとをついだ武田勝頼《たけだかつより》が、織田信長《おだのぶなが》と徳川家康《とくがわいえやす》の連合軍《れんごうぐん》と長篠《ながしの》で戦《たたか》いました。

信長《のぶなが》の用意《ようい》した三千《ぜん》の鉄砲《てっぽう》によって、武田騎馬隊《たけだきばたい》はほとんど壊滅《かいめつ》し、勝頼《かつより》は、甲斐《かい》に逃《に》げもどったのです。

圧倒的《あっとうてき》な力《ちから》で、天下《てんか》とりをすすめていく信長《のぶなが》と、謙信《けんしん》は、しだいに関係《かんけい》が悪化《あっか》していきました。

天正五年《てんしょうねん》（一五七七）、謙信《けんしん》は、＊1能登《のと》の支配《しはい》をめぐって、信長《のぶなが》と対立《たいりつ》しましたが、＊2加賀《かが》の手取川《てどりがわ》で、柴田勝家《しばたかついえ》らがひきいる織田軍《おだぐん》を、さんざんにけちらしました。

「謙信《けんしん》は強《つよ》い。いまだ一度《ど》も負《ま》けたことがないというのは、ほんとうだった」

＊1 能登《のと》……現在《げんざい》の石川県北部《いしかわけんほくぶ》あたり。＊2 加賀《かが》……現在《げんざい》の石川県南部《いしかわけんなんぶ》あたり。

織田《おだ》の武将《ぶしょう》たちは逃《に》げ帰《かえ》ったのです。
しかし、その翌年《よくねん》の天正《てんしょう》六年《ねん》（一五七八）、謙信《けんしん》は病《やまい》にたおれ、死《し》にました。辞世《じせい》の句《く》はこうでした。

四十九年《ねん》　一睡《いっすい》の夢《ゆめ》
一期《いちご》の栄華《えいが》　一盃《いっぱい》の酒《さけ》

（わが四十九年《ねん》の生涯《しょうがい》は、ただひとときの夢《ゆめ》、ただひとときの栄華《えいが》、ただ一盃《いっぱい》の酒《さけ》であった）

「甲斐《かい》の虎《とら》」武田信玄《たけだしんげん》と、「越後《えちご》の龍《りゅう》」上杉謙信《うえすぎけんしん》。
ふたりは、永遠《えいえん》のライバルとして、五度《ど》にわたって、川中島《かわなかじま》で戦《たたか》いましたが、こころの底《そこ》は、たがいを尊敬《そんけい》する、熱《あつ》い友情《ゆうじょう》でむすばれていたのでした。

第八章《だいしょう》

ライバルは、むほんもの
信長《のぶなが》と光秀《みつひで》

「信長《のぶなが》さま、光秀《みつひで》がむほんを」

天正十年《てんしょうねん》（一五八二）、六月二日《がつふつか》。京都《きょうと》の本能寺《ほんのうじ》で、明智光秀《あけちみつひで》の兵《へい》にとりかこまれたことを知《し》った、織田信長《おだのぶなが》は、ふっと目《め》を天《てん》に向《む》けて、つぶやきました。

「で、あるか」

たえずさきを見通《みとお》してきた信長《のぶなが》は、突然《とつぜん》、そのときがきたことを知《し》らされたのです。まさか、家臣《かしん》の光秀《みつひで》がむほんするとは考《かんが》えもしなかった、みずからのうかつさを、信長《のぶなが》は、このとき思《おも》い知《し》らされたのです。

本能寺《ほんのうじ》で、自分《じぶん》をまもっている兵《へい》は、百名《めい》。一方《いっぽう》、明智光秀《あけちみつひで》がひきいる兵《へい》は、一万《まん》三千《ぜん》。勝敗《しょうはい》のゆくえはすでにきまっていました。

（やむをえぬ。ゆだんをしたわたしが、おろかだったのだ）

信長《のぶなが》は死《し》をかくごします。

あとから、あとからおしよせてくる明智《あけち》の兵《へい》を十数名《すうめい》、弓《ゆみ》で射《い》たあと、信長《のぶなが》は奥《おく》にもどります。

そして、小姓《こしょう》の森蘭丸《もりらんまる》につつみをうたせて、得意《とくい》の舞《まい》である「敦盛《あつもり》」を舞《ま》いました。

人間《にんげん》五十年《ねん》
化天《げてん》のうちを　くらぶれば
夢《ゆめ》まぼろしのごとくなり

（人生《じんせい》は五十年《ねん》。仏教《ぶっきょう》による、八百歳《さい》を一日《にち》として、八千年《せんねん》の長寿《ちょうじゅ》を得《え》るという、化天《げてん》〈化楽《けらく》天《てん》〉にくらべれば、人《ひと》の一生《いっしょう》などは、夢《ゆめ》まぼろしのようだ）


舞《ま》い終《お》えると、信長《のぶなが》は、みずから炎《ほのお》のなかに入《はい》っていき、そこから二度《ど》ともどることはありませんでした。

信長《のぶなが》は、四十九歳《さい》でした。

「信長《のぶなが》の首《くび》をさがせ」

明智光秀《あけちみつひで》は、本能寺《ほんのうじ》を焼《や》き、信長《のぶなが》にしたがっていたものたちを殺《ころ》しつくしたあと、家臣《かしん》に命《めい》じました。

しかし、信長《のぶなが》のなきがらは、どこにもみつからなかったのです。

「さがせっ、さがせっ」

光秀《みつひで》は、さけびつづけました。

もしも、信長《のぶなが》が生《い》きていたなら。そう思《おも》うと、全身《ぜんしん》がふるえてくるほど、おそろしくなるのでした。

織田信長《おだのぶなが》と明智光秀《あけちみつひで》。

ふたりは、ライバルというには、あまりにも力《ちから》の差《さ》がありすぎました。

信長《のぶなが》は、だれの言《い》うことも聞《き》こうとしない、ワンマンそのものの独裁者《どくさいしゃ》であり、光秀《みつひで》は、そのあるじにけっしてさからうことなく、忠実《ちゅうじつ》につかえる家臣《かしん》でした。

しかし、圧倒的《あっとうてき》な力《ちから》をもつ信長《のぶなが》をたおしたのは、皮肉《ひにく》にも、あるじの命令《めいれい》にただひたすらしたがっていた光秀《みつひで》だったのです。

*1尾張《おわり》の戦国大名《せんごくだいみょう》、織田信秀《おだのぶひで》の嫡男《ちゃくなん》として生《う》まれた信長《のぶなが》は、たぐいまれな能力《のうりょく》をもっていました。

それは、ぬきんでた行動力《こうどうりょく》と、さきを読《よ》む力《ちから》、そして強運《きょううん》にめぐまれていたことです。

「つぎは、どんな手《て》をうてばよいか」

常識《じょうしき》にとらわれることのない、自由《じゆう》で柔軟《じゅうなん》な精神《せいしん》をもっていた信長《のぶなが》は、どうすれば、戦《たたか》いに勝利《しょうり》できるか、さらには、どうすれば天下《てんか》びとになれるか、それを徹底的《てっていてき》に考《かんが》えぬいて、ためらうことなく、行動《こうどう》しました。

実《じつ》の弟《おとうと》である信行《のぶゆき》をだまして刺《さ》し殺《ころ》し、尾張《おわり》を統一《とういつ》しました。三千《ぜん》の兵《へい》で、三万《まん》の大軍《たいぐん》をひきいる駿河《するが》の今川義元《いまがわよしもと》を、桶狭間《おけはざま》の地《ち》で奇襲《きしゅう》し、その首《くび》をとりました。妻《つま》の父《ちち》である斎藤道三《さいとうどうさん》がきずいた強国《きょうこく》の美濃《みの》を、のちに、敵方《てきがた》の武将《ぶしょう》を味方《みかた》にひき入《い》れて、手《て》に入《い》れました。

*2三河《みかわ》の徳川家康《とくがわいえやす》を、同盟者《どうめいしゃ》というよりも、まるで家臣《かしん》のようにしたがえて、勢力《せいりょく》をのばし、ちゃくちゃくと、天下統一《てんかとういつ》をめざしていったのです。

信長《のぶなが》にとって、家臣《かしん》たちをはかる基準《きじゅん》は、能力《のうりょく》があるかどうかでした。能力《のうりょく》があるとみなせば、秀吉《ひでよし》のような、身分《みぶん》の低《ひく》い、農民《のうみん》あがりのものにでも、一国一城《いっこくいちじょう》をあたえて、大名《だいみょう》にとりたてました。

逆《ぎゃく》に、能力《のうりょく》がないとみなせば、たとえどれほど織田家《おだけ》に昔《むかし》からつかえていたものでも、よう

*1 尾張《おわり》……現在《げんざい》の愛知県西部《あいちけんせいぶ》あたり。 *2 三河《みかわ》……現在《げんざい》の愛知県東部《あいちけんとうぶ》あたり。

しゃなく、きりすてました。

「無能《むのう》なものには、用《よう》はない」

そんな信長《のぶなが》にとって、明智光秀《あけちみつひで》は、かかせない家臣《かしん》でした。

もともと将軍家《しょうぐんけ》につかえていた光秀《みつひで》を、織田家《おだけ》にむかえ入《い》れて、将軍《しょうぐん》の足利義昭《あしかがよしあき》とつながりをもとうとしたのです。

「利用《りよう》しがいのあるやつ」

それが、信長《のぶなが》にとっての、光秀《みつひで》でした。

光秀《みつひで》は、それまでの織田家《おだけ》の家臣《かしん》が苦手《にがて》とする学問《がくもん》や、和歌《わか》、茶《ちゃ》の湯《ゆ》などに通《つう》じている教養人《きょうようじん》でした。それだけでなく、古今《ここん》の兵法《へいほう》にもくわしく、鉄砲《てっぽう》の技《わざ》もすぐれていました。

「よし、光秀《みつひで》を通《とお》して、義昭《よしあき》を使《つか》おう」

京《きょう》にのぼって、天下《てんか》に号令《ごうれい》することをめざしていた信長《のぶなが》にとって、もはや名《な》ばかりの将軍《しょうぐん》とはいえ、足利義昭《あしかがよしあき》は、天下《てんか》とりのための旗印《はたじるし》となるものでした。

それを知《し》った光秀《みつひで》は、信長《のぶなが》に、義昭《よしあき》を紹介《しょうかい》します。そして、みずからは、信長《のぶなが》の家臣《かしん》となってはたらくことを決意《けつい》したのです。

しかし、信長《のぶなが》によって、京都《きょうと》で、二条城《にじょうじょう》までつくってもらった足利義昭《あしかがよしあき》が、「わたしこそは将《しょう》軍《ぐん》なのだ。大名《だいみょう》たちはみな、わたしにしたがえ」と、みずからの力《ちから》を過信《かしん》し、信長《のぶなが》に敵意《てきい》をもつようになると、光秀《みつひで》は、あっさりと義昭《よしあき》をみすてます。そして、信長《のぶなが》にとって、有能《ゆうのう》な家臣《かしん》としてはたらきつづけます。

幸運《こううん》にも、同《おな》じく天下《てんか》をめざした名将《めいしょう》の武田信玄《たけだしんげん》や、上杉謙信《うえすぎけんしん》が、あいついで病《やまい》で亡《な》くなったこともあり、信長《のぶなが》は、まっしぐらに天下《てんか》びとへの道《みち》をつきすすんでいきます。

壮麗《そうれい》な安土城《あづちじょう》をきずき、「天下布武《てんかふぶ》(日本全国《にほんぜんこく》を武力《ぶりょく》で統一《とういつ》する)」を宣言《せんげん》します。

「信長《のぶなが》さまの天下《てんか》がもうすぐくる」

織田家《おだけ》の家臣《かしん》たちはそれを信《しん》じて、各地《かくち》で、戦《たたか》いつづけます。

光秀《みつひで》も、信長《のぶなが》の天下《てんか》とりを助《たす》けるために、けんめいにはたらきました。その結果《けっか》、近江《おうみ》や丹波《たんば》などに、あわせて三十四万石《まんごく》の領地《りょうち》をもつ大名《だいみょう》にまで、のぼりつめたのです。

しかし、光秀《みつひで》のこころは、しだいに限界《げんかい》に近《ちか》づいていました。

「おろかものめっ。きんかん頭《あたま》めっ」

と、すこしでも気《き》に食《く》わないことがあれば、ほかの家臣《かしん》たちがいるところでも、平気《へいき》で、光秀《みつひで》を罵倒《ばとう》したり、なぐったり、けったりする、あまりにも横暴《おうぼう》な信長《のぶなが》にたいして、光秀《みつひで》は、じっと耐《た》えてきて、とうとう腹《はら》にすえかねてしまったのです。

決定的《けっていてき》になったのは、信長《のぶなが》の、理不尽《りふじん》な命令《めいれい》でした。

「光秀《みつひで》、中国《ちゅうごく》へ出陣《しゅつじん》せよ」

信長《のぶなが》は命《めい》じました。

「いま＊1高松《たかまつ》を攻《せ》めている秀吉《ひでよし》を助《たす》けよ」

それは、光秀《みつひで》にとって、屈辱的《くつじょくてき》なことでした。織田家《おだけ》のなかで、出世競争《しゅっせきょうそう》をしている羽柴秀吉《はしばひでよし》の下《した》について、戦《たたか》えと言《い》われたのです。

さらに、信長《のぶなが》のことばが、光秀《みつひで》に追《お》いうちをかけました。

「そなたにあずけていた＊2丹波《たんば》、山城《やましろ》、＊3坂本《さかもと》など、いまの領地《りょうち》はすべて召《め》しあげる。かわりに、毛《も》利《り》の所領《しょりょう》を、好《す》きなだけきりとって、そなたのものにせよ」

なんたることか。

これまで、せっせと領国《りょうごく》をまもり、育《そだ》ててきたのに、それらをすべて没収《ぼっしゅう》するというのか。そのかわりには、まだきりとってもいない毛利《もうり》の土地《とち》をあたえるというのか。

このとき、光秀《みつひで》の胸《むね》に、ある考《かんが》えがうかびます。

「よし、いまこそ」

＊1　高松《たかまつ》……岡山県岡山市《おかやまけんおかやまし》にある地名《ちめい》。高松城《たかまつじょう》があった。

天正《てんしょう》十年《ねん》五月《がつ》二十六日《にち》に坂本城《さかもとじょう》を出発《しゅっぱつ》した光秀《みつひで》は、愛宕神社《あたごじんじゃ》に参詣《さんけい》し、そこで、連歌《れんが》の会《かい》をひらきました。

そこで光秀《みつひで》が詠《よ》んだのは、この句《く》です。

時《とき》は今《いま》　雨《あめ》が下《した》しる　五月《さつき》かな

時《とき》は、明智《あけち》の本家《ほんけ》、土岐氏《ときし》を意味《いみ》し、雨《あめ》は、天《てん》を意味《いみ》しています。つまり、光秀《みつひで》はこう詠《よ》んだのです。

「土岐氏《ときし》が、いまこそ天下《てんか》をとる、五月《がつ》なのだ」

光秀《みつひで》にとっては、待《ま》ちに待《ま》ったチャンスがきたのです。

織田家《おだけ》のほこる軍団《ぐんだん》は、そのとき、各地《かくち》でいくさをくりひろげていました。秀吉《ひでよし》は備中《びっちゅう》*で毛利《もうり》と対陣《たいじん》し、柴田勝家《しばたかついえ》は北陸《ほくりく》で上杉《うえすぎ》と戦《たたか》い、滝川一益《たきがわかずます》はほろぼした武田氏《たけだし》の領国《りょうごく》にいて、丹羽長秀《にわながひで》と三男《なん》の織田信孝《おだのぶたか》は、堺《さかい》にいました。

そして信長《のぶなが》は、安土城《あづちじょう》からでて、京都《きょうと》の本能寺《ほんのうじ》に泊《と》まっていました。信長《のぶなが》を護衛《ごえい》する一行《いっこう》は、

＊備中《びっちゅう》……現在《げんざい》の岡山県西部《おかやまけんせいぶ》あたり。

あわせて百名《めい》ほどしかいなかったのです。

「信長《のぶなが》め、墓穴《ぼけつ》をほったな」

光秀《みつひで》は、ほくそ笑《え》みます。いつもはおそろしく用心深《ようじんぶか》い信長《のぶなが》が、たった百名《めい》で行動《こうどう》するなど、ありえないことでした。もはや自分《じぶん》の敵《てき》は、まわりにはいないと、ゆだんしてしまったのです。

「よいか。敵《てき》は、本能寺《ほんのうじ》にあり」

光秀《みつひで》は、一万《まん》三千《ぜん》の兵《へい》に、号令《ごうれい》します。

「信長《のぶなが》の首《くび》をあげろ」


信長《のぶなが》にとって、光秀《みつひで》は、ライバルでもなんでもない存在《そんざい》でした。

天下《てんか》とりにあたって、信長《のぶなが》が、おそれるべきライバルと考《かんが》えていたのは、「甲斐《かい》の虎《とら》」武田信玄《たけだしんげん》であり、「越後《えちご》の龍《りゅう》」上杉謙信《うえすぎけんしん》でした。そうしたいくさじょうずで知《し》られた名将《めいしょう》・闘将《とうしょう》とちがい、光秀《みつひで》は、自分《じぶん》に忠実《ちゅうじつ》な家臣《かしん》のひとりにすぎませんでした。

ところが、そのようにまったくライバルとも思《おも》っていなかった光秀《みつひで》に、寝首《ねくび》をかかれてしまったのです。

「うぬっ、光秀《みつひで》め」

天下《てんか》とりを目前《もくぜん》にして、炎《ほのお》のなかに入《はい》っていった信長《のぶなが》のこころは、どれほど無念《むねん》だったことでしょう。

信長《のぶなが》をたおせば、天下《てんか》がとれる。

光秀《みつひで》は、そう信《しん》じていましたが、そうはなりませんでした。きっと自分《じぶん》に味方《みかた》してくれると信《しん》じていた細川藤孝《ほそかわふじたか》・忠興《ただおき》父子《おやこ》も、筒井順慶《つついじゅんけい》も、光秀《みつひで》に味方《みかた》しなかったからです。

「なぜだ」

あせる光秀《みつひで》に、耳《みみ》をうたがう知《し》らせが届《とど》きます。

備中高松城《びっちゅうたかまつじょう》を攻《せ》めていた秀吉《ひでよし》が、おどろくべきスピードで、ひきかえしてきたのです。

「それっ。走《はし》れ、走《はし》れっ。信長《のぶなが》さまの敵討《かたきう》ちだ」

秀吉《ひでよし》は、わずか六日間《むいかかん》で、三万《まん》あまりの大軍《たいぐん》を大移動《だいいどう》させたのです。世《よ》に名高《なだか》い「中国大返《ちゅうごくおおがえ》し」でした。

「馬鹿《ばか》な」

光秀《みつひで》はあわてますが、やむをえず、秀吉《ひでよし》と山崎《やまざき》*の地《ち》で決戦《けっせん》します。

天王山《てんのうざん》の戦《たたか》いです。

＊山崎《やまざき》……京都府《きょうとふ》と大阪府《おおさかふ》にまたがる地名《ちめい》。

羽柴軍《はしばぐん》は二万《まん》五千《せん》。明智軍《あけちぐん》は一万《まん》六千《せん》。この戦《たたか》いに敗《やぶ》れ、光秀《みつひで》は＊山科《やましな》におちのびていきますが、農民《のうみん》による武者狩《むしゃが》りにあって、命《いのち》をおとしてしまいます。

独裁者《どくさいしゃ》であり、あまりにも強大《きょうだい》なあるじを、しゃにむにライバルにして、うち負《ま》かしたのに、結果《けっか》はむざんでした。

信長《のぶなが》をたおして、「よし、天下《てんか》びとになったぞ」と思《おも》ってから、わずか十三日後《にちご》に、光秀《みつひで》はほろびるのです。まさしく、「三日天下《みっかてんか》」で終《お》わるのです。

光秀《みつひで》は、このとき、五十五歳《さい》でした。

＊山科《やましな》……京都府《きょうとふ》の東側《ひがしがわ》にある地名《ちめい》。滋賀県大津市《しがけんおおつし》に接《せっ》する。

師弟《してい》から、悲劇《ひげき》のライバルへ
秀吉《ひでよし》と利休《りきゅう》

豊臣秀吉《とよとみひでよし》と千利休《せんのりきゅう》は、ライバルというよりも、最初《さいしょ》は、茶《ちゃ》の弟子《でし》と師匠《ししょう》という関係《かんけい》でした。

織田信長《おだのぶなが》の御茶頭《おさどう》（茶道《さどう》に通《つう》じた人《ひと》）だった利休《りきゅう》は、信長《のぶなが》の家臣《かしん》のひとりにすぎなかった秀吉《ひでよし》にとって、あこがれの存在《そんざい》でした。

ところが、信長《のぶなが》が明智光秀《あけちみつひで》のむほんにたおれたあと、秀吉《ひでよし》はめざましい勢《いきお》いで、天下《てんか》をとろうとします。そのころまでは、利休《りきゅう》は、秀吉《ひでよし》にとって、よき相《そう》談相手《だんあいて》でした。ほかの大名《だいみょう》たちの動向《どうこう》をさぐったり、有力《ゆうりょく》な大名《だいみょう》をもてなしたりするのに、利休《りきゅう》はなくてはならない存在《そんざい》でした。

しかし、秀吉《ひでよし》が、天正《てんしょう》十三年《ねん》（一五八五）に関白《かんぱく》となり、さらには、六年後《ねんご》に、甥《おい》の秀次《ひでつぐ》に関白《かんぱく》をゆずり、太閤《たいこう》となったとき、ふたりの関係《かんけい》はまるでちがったものに変化《へんか》していきました。

「わしは、天下《てんか》びとじゃ。言《い》うことを聞《き》け」

と言《い》う、秀吉《ひでよし》にたいして、利休《りきゅう》は、それをこばんだのです。

「茶《ちゃ》の世界《せかい》は、世俗《せぞく》の権力《けんりょく》が支配《しはい》できない、別世界《べつせかい》です」

と、利休《りきゅう》は、主張《しゅちょう》したのです。

「茶《ちゃ》をのむという行為《こうい》は、身分《みぶん》の差《さ》など関係《かんけい》のない、無心《むしん》になるための時間《じかん》・空間《くうかん》」という利休《りきゅう》の美意識《びいしき》は、権力《けんりょく》の頂点《ちょうてん》をきわめた秀吉《ひでよし》にとって、腹立《はらだ》たしいものとなりました。

「利休《りきゅう》よ、わしにあやまれば、よし。あやまらないのなら、腹《はら》をきれ」

こうして、秀吉《ひでよし》と利休《りきゅう》は、悲劇《ひげき》のライバル関係《かんけい》となり、天正《てんしょう》十九年《ねん》（一五九一）、利休《りきゅう》は切腹《せっぷく》するのです。

第九章《だいしょう》

天下分《てんかわ》けめの「戦《たたか》い」 西軍《せいぐん》と東軍《とうぐん》

ときは、慶長《けいちょう》五年《ねん》(一六〇〇)、九月《がつ》十五日《にち》。

関ケ原《せきがはら》で、まさしく、天下分《てんかわ》けめの戦《たたか》いがくりひろげられました。西軍《せいぐん》をひきいるのは、太閤《たいこう》秀吉《ひでよし》に育《そだ》てられた石田三成《いしだみつなり》。東軍《とうぐん》をひきいるのは、関東《かんとう》八か国《こく》を有《ゆう》する徳川家康《とくがわいえやす》。

西軍《せいぐん》八万《まん》二千《せん》と東軍《とうぐん》八万《まん》九千《せん》という、日本《にほん》を東西《とうざい》に二分《ぶん》して、巨大《きょだい》なライバル軍団《ぐんだん》がまっこうから激突《げきとつ》した、この戦《たたか》いは、なぜ起《お》きたのでしょうか。

それは、慶長《けいちょう》三年《ねん》(一五九八)、太閤秀吉《たいこうひでよし》の死《し》から、はじまりました。

農民《のうみん》の身《み》から、織田信長《おだのぶなが》の家臣《かしん》となり、異例《いれい》のスピードで出世《しゅっせ》し、ついには天下《てんか》を統一《とういつ》して、全国《ぜんこく》の大名《だいみょう》たちをしたがえた豊臣秀吉《とよとみひでよし》にとって、こころのこりは、ただひとつ。あとつぎの秀頼《ひでより》が、いまだ六歳《さい》とおさなかったことです。

「わしが死《し》んだら、どうなるだろう」

秀頼《ひでより》のゆくすえを案《あん》じた秀吉《ひでよし》は、死《し》のまぎわに、五大老《ごたいろう》と五奉行《ごぶぎょう》という制度《せいど》をつくって、秀頼《ひでより》と豊臣家《とよとみけ》をまもろうとしました。

五大老《ごたいろう》は、徳川家康《とくがわいえやす》、前田利家《まえだとしいえ》（のちに利長《としなが》）、毛利輝元《もうりてるもと》、上杉景勝《うえすぎかげかつ》、宇喜多秀家《うきたひでいえ》ら、豊臣家《とよとみけ》をささえる有力《ゆうりょく》な大名《だいみょう》たちでしたが、五大老筆頭《ごたいろうひっとう》の家康《いえやす》が、ほかの四人《にん》をよせつけない力《ちから》をもっていました。

五奉行《ごぶぎょう》は、石田三成《いしだみつなり》、浅野長政《あさのながまさ》、増田長盛《ましたながもり》、長束正家《なつかまさいえ》、前田玄以《まえだげんい》らでしたが、なかでも、三成《みつなり》の力《ちから》が群《ぐん》をぬいていました。

「みなみなさま、わが子《こ》の秀頼《ひでより》を、くれぐれも、くれぐれもおたのみもうしまする」

死《し》にゆく秀吉《ひでよし》のことばは、命令《めいれい》というよりも、哀願《あいがん》にも近《ちか》いものでした。

そのことばに、深《ふか》くうなずいたのが、石田三成《いしだみつなり》でした。

「わたしが秀頼《ひでより》ぎみをまもり、豊臣家《とよとみけ》をまもる」

その信念《しんねん》をつらぬこうとしている三成《みつなり》にとって、最大《さいだい》の敵《てき》は、家康《いえやす》でした。

「つぎは、わしが天下《てんか》をにぎる」

その野望《やぼう》をいだいていた家康《いえやす》は、豊臣家《とよとみけ》から天下《てんか》をうばおうと動《うご》きだします。

もともと、家康《いえやす》には、にがい思《おも》いがありました。

長《なが》いあいだ同盟《どうめい》してきた織田信長《おだのぶなが》が、天下《てんか》とりの目前《もくぜん》で、家臣《かしん》の明智光秀《あけちみつひで》にうらぎられて死《し》んだとき、家康《いえやす》は思《おも》いました。

「天下《てんか》をとるのは自分《じぶん》だ」

しかし、そうはなりませんでした。秀吉《ひでよし》が光秀《みつひで》を討《う》ちはたしたあと、織田家《おだけ》を乗《の》っとるかたちで、みるみる力《ちから》をつけてきたのです。

家康《いえやす》は、一度《ど》は、秀吉《ひでよし》との小牧《こまき》・長久手《ながくて》の戦《たたか》いで勝利《しょうり》しますが、徳川家《とくがわけ》をまもるために、秀吉《ひでよし》に屈《くっ》して、ナンバーツーの地位《ちい》にあまんじました。

しかし、もはや、秀吉《ひでよし》はいません。そのときがきたのです。

「秀吉《ひでよし》が生《い》きているあいだは、ずっと、がまんしてきたが、もうためらうことはない。つぎの天《てん》下《か》は、わしがとる」

家康《いえやす》は、自分《じぶん》の天下《てんか》とりをこころよく思《おも》わない大名《だいみょう》たちを、すべてとりのぞかねばならないと考《かんが》えました。そのためには、敵《てき》をひとつにまとめて、いくさでほろぼさねばなりません。

秀吉《ひでよし》の恩《おん》を深《ふか》く受《う》けて、豊臣家《とよとみけ》をまもろうとしている大名《だいみょう》たちは、だれか。彼《かれ》らをひとつにまとめて、わしにたち向《む》かってくるものは、だれか。

まずは、前田利家《まえだとしいえ》、上杉景勝《うえすぎかげかつ》。そして、石田三成《いしだみつなり》。

家康《いえやす》はじっくりと考《かんが》えました。

「さて、どうやって、彼《かれ》らをほろぼすか」

このとき、家康《いえやす》にとっては、願《ねが》ってもない幸運《こううん》な状況《じょうきょう》がありました。

それは秀吉《ひでよし》が生《い》きていたころから、豊臣家《とよとみけ》の内部《ないぶ》で、対立《たいりつ》があったことです。石田三成《いしだみつなり》らの文官《ぶんかん》と、加藤清正《かとうきよまさ》らの武官《ぶかん》たちとの対立《たいりつ》でした。

「三成《みつなり》め、ゆるさぬ」

豊臣家《とよとみけ》の武断派《ぶだんは》といわれる、加藤清正《かとうきよまさ》、福島正則《ふくしままさのり》、黒田長政《くろだながまさ》らは、秀吉《ひでよし》のすぐ近《ちか》くにつかえ、もっとも秀吉《ひでよし》の信頼《しんらい》のあつい奉行《ぶぎょう》として内政《ないせい》に力《ちから》をふるっていた三成《みつなり》を、はげしくにくんでいました。

「秀吉《ひでよし》さまが天下《てんか》をとれたのは、われらが命《いのち》がけではたらいたからだ。それを、ろくにいくさもしないで、のしあがってきた三成《みつなり》めが、われらをないがしろにしておる」

そう思《おも》っていた清正《きよまさ》や正則《まさのり》は、秀吉《ひでよし》が亡《な》くなったときから、チャンスがあれば、三成《みつなり》を殺《ころ》そうと考《かんが》えていました。

それをおさえていたのが、五大老《ごたいろう》のひとり、前田利家《まえだとしいえ》でした。

「そなたら、馬鹿《ばか》なことをするな」

と、清正《きよまさ》たちをたしなめていたのです。

しかし、慶長《けいちょう》四年《ねん》（一五九九）に、利家《としいえ》が死《し》ぬと、武断派《ぶだんは》の七将《しちしょう》（福島正則《ふくしままさのり》、加藤清正《かとうきよまさ》、黒田《くろだ》長政《ながまさ》、池田輝政《いけだてるまさ》、細川忠興《ほそかわただおき》、浅野幸長《あさのよしなが》、加藤嘉明《かとうよしあき》の猛将《もうしょう》七人《にん》のこと）は、もはや、だれもとめるものはいないとばかり、三成《みつなり》をおそったのです。

どこへ逃《に》げれば、助《たす》かるか。

三成《みつなり》は、家康《いえやす》のところへ逃《に》げこみ、命《いのち》びろいをしますが、それは、家康《いえやす》の思《おも》うつぼでした。

「やつは、奉行《ぶぎょう》の任《にん》を解《と》いて、＊佐和山《さわやま》に謹慎《きんしん》させるが、なんとしても、生《い》かしておかねばならぬ」

三成《みつなり》を生《い》かしておくことで、家康《いえやす》にとっては、ふたつの利点《りてん》がありました。ひとつは、豊臣家《とよとみけ》の武断派大名《ぶだんはだいみょう》たちを、三成《みつなり》を餌《えさ》にして、あやつれること。もうひとつは、三成《みつなり》が自分《じぶん》の敵《てき》をひとつにまとめてくれること。

そして、家康《いえやす》の読《よ》みは、正《ただ》しかったのです。

秀吉《ひでよし》に育《そだ》てられた清正《きよまさ》や正則《まさのり》には、秀頼《ひでより》ぎみと豊臣家《とよとみけ》をまもろうとする気持《きも》ちは強《つよ》くありました。しかし、三成《みつなり》にくしという気持《きも》ちは、それよりも強《つよ》いほどでした。

＊佐和山《さわやま》……滋賀県彦根市《しがけんひこねし》にある山《やま》。石田三成《いしだみつなり》の居城《きょじょう》があった。

それに、七将《しちしょう》のひとり、黒田長政《くろだながまさ》は家康《いえやす》の養女《ようじょ》を妻《つま》にめとり、家康《いえやす》と深《ふか》いつながりがありました。

「つぎの天下《てんか》びとは徳川家康《とくがわいえやす》だ」

そう見通《みとお》した長政《ながまさ》は、ほかの武断派《ぶだんは》の大名《だいみょう》たちを、家康《いえやす》に近《ちか》づける役割《やくわり》をはたします。家康《いえやす》は、彼《かれ》らと縁戚関係《えんせきかんけい》をむすんで、とりこんでいきました。

大坂城《おおさかじょう》に入《はい》って、「天下《てんか》どの」と呼《よ》ばれるほどに、力《ちから》をふるいながら、チャンスをうかがっていた家康《いえやす》にとって、好機《こうき》がおとずれます。

会津《あいづ》の上杉景勝《うえすぎかげかつ》が、「上洛《じょうらく》するように」という、家康《いえやす》の命令《めいれい》をこばんだのです。

「これは、秀頼《ひでより》ぎみへのむほんである」

家康《いえやす》は、そうきめつけて、全国《ぜんこく》の大名《だいみょう》たちに、「会津討伐《あいづとうばつ》」の命令《めいれい》をだします。あくまでも、豊臣家《とよとみけ》をまもるためという旗印《はたじるし》を立《た》てた家康《いえやす》は、秀頼《ひでより》から黄金《おうごん》二万両《まんりょう》と兵糧《ひょうろう》二万石《まんごく》を受《う》けとり、会津《あいづ》に向《む》けて、出陣《しゅつじん》します。

しかし、会津《あいづ》へ向《む》かう兵《へい》の主力《しゅりょく》は、徳川《とくがわ》はえぬきの兵《へい》ではなく、福島正則《ふくしままさのり》、黒田長政《くろだながまさ》、池田輝《いけだてる》政《まさ》ら、秀吉《ひでよし》が育《そだ》てた、豊臣恩顧《とよとみおんこ》の大名《だいみょう》たちでした。

「さあ、三成《みつなり》」

豊臣恩顧《とよとみおんこ》の大名《だいみょう》たちをしたがえて、家康《いえやす》は、ゆっくりと会津《あいづ》に向《む》かいます。

「わしの天下《てんか》とりをじゃまする大名《だいみょう》どもを、ひとつにあつめろ」

三成《みつなり》がきっと、兵《へい》をあげる。

家康《いえやす》には、その確信《かくしん》がありました。


一方《いっぽう》、三成《みつなり》は、佐和山《さわやま》の城《しろ》で、機会《きかい》をうかがっていました。

家康《いえやす》が、「会津討伐《あいづとうばつ》」で出陣《しゅつじん》すると、すぐさま、三成《みつなり》は動《うご》きました。まず、秀吉《ひでよし》のもとで、若《わか》いころから親《した》しかった大谷刑部《おおたにぎょうぶ》（吉継《よしつぐ》）に、「家康打倒《いえやすだとう》」をうちあけます。

「ともに、家康《いえやす》をたおそう」

刑部《ぎょうぶ》は、ためらいます。三成《みつなり》が家康《いえやす》に勝《か》てるとは、どうしても思《おも》えなかったからです。しかし、三成《みつなり》との熱《あつ》い友情《ゆうじょう》をむげにすることができず、三成《みつなり》に味方《みかた》することをきめます。

三成《みつなり》はさらに、毛利家《もうりけ》と深《ふか》いつながりのある安国寺恵瓊《あんこくじえけい》をひき入《い》れて、大老《たいろう》の毛利輝元《もうりてるもと》を総大《そうだい》将《しょう》にして、家康《いえやす》に対抗《たいこう》する西軍《せいぐん》を立《た》ちあげようと動《うご》きます。

「家康《いえやす》こそは、太閤《たいこう》の遺志《いし》をふみにじるものである」

と、全国《ぜんこく》の大名《だいみょう》たちに、家康打倒《いえやすだとう》を呼《よ》びかけます。

これに応《おう》じて、宇喜多秀家《うきたひでいえ》、小西行長《こにしゆきなが》、立花宗茂《たちばなむねしげ》ら、おもに西国《さいごく》の大名《だいみょう》たちが、大坂城《おおさかじょう》にあつまってきます。その数《かず》は十万《まん》にもおよびました。

「よし、会津《あいづ》の上杉《うえすぎ》とはさみうちにすれば、家康《いえやす》に勝《か》てる」

三成《みつなり》はよろこびます。


「そうか。ついに、三成《みつなり》が動《うご》いたか」

家康《いえやす》は、思《おも》い通《どお》りに、三成《みつなり》が兵《へい》をあげたことに、よろこびます。

「むこどの。お願《ねが》いがござる」

家康《いえやす》は、むすめむこの黒田長政《くろだながまさ》に、豊臣恩顧《とよとみおんこ》の武断派大名《ぶだんはだいみょう》たちを、家康側《いえやすがわ》にひき入《い》れてくれるように、たのみます。

「わかりました」

長政《ながまさ》は承知《しょうち》して、もっとも影響力《えいきょうりょく》のある福島正則《ふくしままさのり》を説得《せっとく》します。

「三成《みつなり》こそは、秀頼《ひでより》ぎみをだまして、豊臣家《とよとみけ》を乗《の》っとろうとしているのだ」

三成《みつなり》がにくくてたまらない正則《まさのり》は、長政《ながまさ》のことばにしたがうことを約束《やくそく》します。すべての準備《じゅんび》がととのったことを知《し》ると、家康《いえやす》は、ひきいていた大名《だいみょう》たちを下野《しもつけ》*小山《おやま》の地《ち》にあつめて、軍議《ぐんぎ》をひらきます。

＊下野《しもつけ》……現在《げんざい》の栃木県《とちぎけん》あたり。

「三成《みつなり》が、わしをたおすと言《い》って、大坂城《おおさかじょう》で兵《へい》をあげた。おのおの方《がた》の妻子《さいし》は大坂城《おおさかじょう》にいるゆえ、わしとともに会津討伐《あいづとうばつ》ができぬと思《おも》われるなら、ひきあげられよ」

家康《いえやす》のことばに、大名《だいみょう》たちはだまりこみました。

重苦《おもくる》しい沈黙《ちんもく》がおちたとき、福島正則《ふくしままさのり》が立《た》ちあがり、大声《おおごえ》で言《い》いました。

「わしは、内府《ないふ》（家康《いえやす》）にしたがう。三成《みつなり》は、おさない秀頼《ひでより》ぎみをだまして、豊臣家《とよとみけ》を乗《の》っとろうとしているのだ。妻子《さいし》を思《おも》って、大坂方《おおさかがた》についたりはせぬ」

このことばが、軍議《ぐんぎ》の流《なが》れをきめたのです。

「拙者《せっしゃ》も内府《ないふ》に味方《みかた》いたす」

「拙者《せっしゃ》も」

と、豊臣恩顧《とよとみおんこ》の大名《だいみょう》たちは、なだれをうって、家康《いえやす》に味方《みかた》することをちかったのです。

ここにいたって、会津《あいづ》を討伐《とうばつ》するはずの軍《ぐん》が、三成《みつなり》のあつめた大坂城《おおさかじょう》の「西軍《せいぐん》」に対抗《たいこう》する家《いえ》康《やす》の指揮《しき》する「東軍《とうぐん》」となったのです。

さらに、山内一豊《やまうちかつとよ》が言《い》いました。

「拙者《せっしゃ》は、わが城《しろ》をあけわたし、そこにたくわえられた兵糧《ひょうろう》を、すべて内府《ないふ》にさしあげまする」

と、家康《いえやす》に、自分《じぶん》の＊掛川城《かけがわじょう》をさしだしたのです。

＊掛川城《かけがわじょう》……現在《げんざい》の静岡県《しずおかけん》にあった城《しろ》。東海道《とうかいどう》にあるため、「西軍《せいぐん》」を攻《せ》める際《さい》の要所《ようしょ》となりえた。

「拙者《せっしゃ》も」

「拙者《せっしゃ》も」

一豊《かつとよ》のことばに、大名《だいみょう》たちはわれもわれもと賛同《さんどう》しました。

「それでは、福島《ふくしま》どのに先陣《せんじん》をお願《ねが》いいたそう」

家康《いえやす》は、内心《ないしん》おおよろこびしながら、それを表情《ひょうじょう》にはあらわさずに、きびしい顔《かお》で言《い》います。

「ははっ。ありがたいおことば」

正則《まさのり》は感激《かんげき》します。

よしよし。すべては思《おも》い通《どお》りになったぞ。

家康《いえやす》は思《おも》いました。

まさしく、徳川《とくがわ》のはえぬきの兵《へい》ではなく、秀吉《ひでよし》が育《そだ》てた兵《へい》たちが、三成《みつなり》のあつめた西軍《せいぐん》の大名《だいみょう》たちと、戦《たたか》ってくれることになったからです。

正則《まさのり》たちの兵《へい》が、東海道《とうかいどう》を西《にし》へ向《む》かっていったあと、家康《いえやす》は、江戸《えど》へもどります。そして、東《とう》国《ごく》の伊達政宗《だてまさむね》らに、上杉景勝《うえすぎかげかつ》をおさえるように命《めい》じます。全国《ぜんこく》の大名《だいみょう》たちに、「自分《じぶん》に味方《みかた》するように」と、せっせと文《ふみ》を書《か》きます。

さらには、「西軍《せいぐん》」にいる大名《だいみょう》たちを、長政《ながまさ》らを使《つか》って、ひそかに調略《ちょうりゃく》しようとします。この結果《けっか》、小早川秀秋《こばやかわひであき》と、毛利輝元《もうりてるもと》の補佐役《ほさやく》である吉川広家《きっかわひろいえ》に、いざいくさになったら、三成《みつなり》には味方《みかた》しない、と約束《やくそく》させたのです。

慶長五年《けいちょうねん》（一六〇〇）、九月十五日《がつにち》の朝《あさ》。

昨夜《さくや》からの雨《あめ》がようやくやんで、あたりは濃《こ》い霧《きり》につつまれていました。

関ケ原《せきがはら》では、西軍八万二千《せいぐんまんせん》、東軍八万九千《とうぐんまんせん》が、にらみあっていました。西軍《せいぐん》を指揮《しき》するのは、笹尾山《ささおやま》に陣取《じんど》る、石田三成《いしだみつなり》。東軍《とうぐん》を指揮《しき》するのは、桃配山《ももくばりやま》に陣取《じんど》る徳川家康《とくがわいえやす》。

きっかけは、井伊直政《いいなおまさ》の「赤備《あかぞな》え（武具《ぶぐ》を赤《あか》で統一《とういつ》していた武田《たけだ》の遺臣《いしん》を中心《ちゅうしん》に編成《へんせい》した井伊《いい》の軍団《ぐんだん》）」でした。

「このいくさは、徳川対豊臣《とくがわたいとよとみ》のいくさだ。それなのに、われらの先陣《せんじん》が、豊臣恩顧《とよとみおんこ》の福島正則《ふくしままさのり》とは、すじがちがう」

そう、ひそかにいきどおっていた直政《なおまさ》は、正則《まさのり》をあざむくかたちで、宇喜多秀家《うきたひでいえ》の陣《じん》に銃撃《じゅうげき》をして、ぬけがけをしてしまったのです。

「うぬっ。ぬけがけか」

正則《まさのり》は怒《おこ》って、宇喜多陣営《うきたじんえい》への突撃《とつげき》を命《めい》じました。

ここに、東西両軍《とうざいりょうぐん》が激突《げきとつ》したのです。

しかし、東軍《とうぐん》は全軍《ぜんぐん》のうち、六万《まん》が戦《たたか》っていたのに、西軍《せいぐん》はわずかに三万五千《まんせん》しか戦《たたか》っていなかったのです。というのも、松尾山《まつおやま》に陣取《じんど》る小早川秀秋《こばやかわひであき》の一万五千《まんせん》と、南宮山《なんぐうさん》に陣取《じんど》る毛利軍《もうりぐん》、二万八千《まんせん》がまったく動《うご》かなかったからです。

それでも、西軍《せいぐん》は、大谷刑部《おおたにぎょうぶ》や宇喜多秀家《うきたひでいえ》、石田三成《いしだみつなり》らが奮戦《ふんせん》し、東軍《とうぐん》をおしている戦況《せんきょう》でした。

つめを噛《か》んで、家康《いえやす》はあせります。

「小早川《こばやかわ》め、なぜ、動《うご》かぬのだ」

家康《いえやす》は、命《めい》じます。

「ええいっ。小早川《こばやかわ》の陣《じん》に、鉄砲《てっぽう》を撃《う》て」

松尾山《まつおやま》に、家康《いえやす》の陣《じん》から鉄砲《てっぽう》が撃《う》たれて、小早川秀秋《こばやかわひであき》はあわてます。

「大谷刑部《おおたにぎょうぶ》を討《う》ちとれ」

ついに、小早川軍《こばやかわぐん》一万五千《まんせん》が、松尾山《まつおやま》から、西軍《せいぐん》の大谷刑部《おおたにぎょうぶ》の陣《じん》へ突撃《とつげき》していきました。

さらに、小早川《こばやかわ》が万一《まんいち》うらぎった場合《ばあい》のために、そなえられていた、西軍《せいぐん》の脇坂安治《わきさかやすはる》ら四千《せん》も、

大一大万大吉
兒

味方《みかた》におそいかかってきたのです。

「なんと」

これには、よく戦《たたか》っていた大谷刑部《おおたにぎょうぶ》も、ついにもちこたえきれず、戦死《せんし》します。宇喜多陣《うきたじん》も、石田陣《いしだじん》も敗走《はいそう》し、西軍《せいぐん》はおおくずれしてしまいます。

天下分《てんかわ》けめの戦《たたか》いは、たった一日《にち》で決着《けっちゃく》がついてしまったのです。

「無念《むねん》」

石田三成《いしだみつなり》は、再起《さいき》をはかって、山中《さんちゅう》に逃《に》げます。

「ようし、勝《か》ったぞ」

家康《いえやす》は、両手《りょうて》を高《たか》くあげて、勝利《しょうり》を宣言《せんげん》します。

天下《てんか》を、ついにとったぞ。

関ケ原《せきがはら》の戦《たたか》いを勝《か》ちぬいたことは、そのまま、天下《てんか》を家康《いえやす》がつかみとったことを意味《いみ》していました。

こうして、福島正則《ふくしままさのり》や黒田長政《くろだながまさ》ら、豊臣恩顧《とよとみおんこ》の大名《だいみょう》たちを使《つか》って、豊臣家《とよとみけ》から天下《てんか》をうばうという、家康《いえやす》の作戦《さくせん》はみごとに功《こう》を奏《そう》したのです。

「今回《こんかい》は敗《やぶ》れたが、ふたたび勝負《しょうぶ》するぞ」
三成《みつなり》はそう思《おも》って、農民《のうみん》の家《いえ》にかくれますが、山中《さんちゅう》でかじった稲穂《いなほ》のために腹《はら》をこわして、体力《たいりょく》を失《うしな》ってしまい、もはや、これまでと、みずから名《な》のりでて、東軍《とうぐん》につかまります。

そして、京都《きょうと》の六条河原《ろくじょうがわら》で、同《おな》じ西軍《せいぐん》の小西行長《こにしゆきなが》らとともに、処刑《しょけい》されます。

宇喜多秀家《うきたひでいえ》はのがれて、薩摩《さつま》に身《み》を隠《かく》しますが、家康《いえやす》によって、六年後《ねんご》に八丈島《はちじょうじま》に流《なが》され、そこで五十年《ねん》をすごして死《し》にます。

毛利輝元《もうりてるもと》は、いくさのさなかは大坂城《おおさかじょう》にいました。そして南宮山《なんぐうさん》の毛利軍《もうりぐん》は、吉川広家《きっかわひろいえ》の策謀《さくぼう》により、西軍《せいぐん》としてはいっさい戦《たたか》わなかったにもかかわらず、家康《いえやす》により、これまでの百二十万石《まんごく》から、三十七万石《まんごく》に減《へ》らされてしまいます。

上杉景勝《うえすぎかげかつ》も、百二十万石《まんごく》から三十万石《まんごく》に減《へ》らされました。

ライバルである東軍《とうぐん》と西軍《せいぐん》が激突《げきとつ》した関ケ原《せきがはら》の戦《たたか》いから、十五年後《ねんご》に、家康《いえやす》ひきいる徳川軍《とくがわぐん》により、大坂城《おおさかじょう》は焼《や》けおちて、秀頼《ひでより》は自害《じがい》します。

秀吉《ひでよし》が一代《だい》できずきあげた豊臣家《とよとみけ》は、ここにほろぶのです。

第《だい》十章《しょう》

無敵同士《むてきどうし》の、ライバル 武蔵《むさし》と小次郎《こじろう》

「六十余度《よど》まで勝負《しょうぶ》をすといえども、一度《ど》も其《そ》の利《り》を失《うしな》わず」

宮本武蔵《みやもとむさし》は、みずから書《か》いた『五輪書《ごりんのしょ》』に記《しる》したように、その生涯《しょうがい》において、六十にあまる勝《しょう》負《ぶ》を戦《たたか》ってきましたが、その一度《ど》として、負《ま》けたことはありませんでした。

佐々木小次郎《ささきこじろう》も、その生涯《しょうがい》において、幾度《いくど》も命《いのち》をかけた剣《けん》の勝負《しょうぶ》をしてきましたが、ただ一度《ど》をのぞいて、敗《やぶ》れたことはなかったのです。そして、そのたった一度《ど》こそが、宿命《しゅくめい》のライバルであった武蔵《むさし》との巌流島《がんりゅうじま》の試合《しあい》でした。

武蔵《むさし》と小次郎《こじろう》。

まさしく、このふたりは、剣《けん》の使《つか》い手《て》として、まさに最強同士《さいきょうどうし》のライバルでした。

このふたりは、なぜ、そんなにも強《つよ》かったのでしょうか。

それは、武蔵《むさし》も、小次郎《こじろう》も、だれもまねすることのできない、独自《どくじ》の技《わざ》をもっていたからです。

武蔵《むさし》の剣《けん》の極意《ごくい》は、「見切《みき》り」にありました。「見切《みき》り」とは、戦《たたか》う相手《あいて》の剣《けん》のさきがどこまで届《とど》くのか、それを正確無比《せいかくむひ》にみきわめる技《わざ》でした。

――どれほど相手《あいて》の剣技《けんぎ》がすぐれていようとも、その刃《やいば》が自分《じぶん》に届《とど》かなければ、斬《き》られることはない。

この「見切《みき》り」の秘技《ひぎ》が、武蔵《むさし》を勝《か》たせてきたのです。

「まだ、届《とど》かない」

武蔵《むさし》は、その距離《きょり》をぎりぎりまで、みきわめることができました。戦《たたか》いのあいだ、この距離《きょり》を見切《みき》って、たえず相手《あいて》の剣先《けんさき》が届《とど》かない距離《きょり》をたもつことで、まさに、一ミリ間隔《かんかく》で、相手《あいて》の剣《けん》先《さき》をかわすことができたのです。

小次郎《こじろう》の剣《けん》の極意《ごくい》は、「燕返《つばめがえ》し」でした。

燕《つばめ》は、おそろしく速《はや》く飛《と》ぶことができます。さらには、ふいに急《きゅう》カーブを描《えが》いて、ひるがえったり、飛《と》びあがったり、自由自在《じゆうじざい》に飛翔《ひしょう》することができます。

予測《よそく》することが不可能《ふかのう》な、この燕《つばめ》の動《うご》きを、瞬時《しゅんじ》にとらえて、その動《うご》きをあと追《お》いするのではなく、燕《つばめ》が向《む》かおうとしている方向《ほうこう》から、まさしくむかえ撃《う》つように、剣《けん》をふるう。

これが、「燕返《つばめがえ》し」です。

なみはずれた視力《しりょく》と、しなやかな、バネのように俊敏《しゅんびん》な体《からだ》の動《うご》きが、ともなわなければ、とうてい、使《つか》いこなすことができない凄技《すごわざ》、それが小次郎《こじろう》の編《あ》みだした「燕返《つばめがえ》し」でした。

ふたりがまみえた巌流島《がんりゅうじま》の決闘《けっとう》は、まさしく、武蔵《むさし》の「見切《みき》り」と小次郎《こじろう》の「燕返《つばめがえ》し」という、凄技同士《すごわざどうし》の戦《たたか》いだったのです。

武蔵《むさし》は、天正《てんしょう》十二年《ねん》（一五八四）に播磨《はりま》の地《ち》で生《う》まれました。幼名《ようみょう》は、弁之助《べんのすけ》。父《ちち》は、十手刀術《じってとうじゅつ》の達人《たつじん》であった新免無二斎《しんめんむにさい》。

「弁之助《べんのすけ》よ、武術《ぶじゅつ》を修行《しゅぎょう》せよ」

と、父《ちち》は、武蔵《むさし》のおさないころから、数々《かずかず》の武術《ぶじゅつ》をきびしく修行《しゅぎょう》させました。

武蔵《むさし》は、体《からだ》がおおきく、腕力《わんりょく》もすぐれていて、めきめきと上達《じょうたつ》していきました。父《ちち》の教《おし》えにそむいたことがなかった武蔵《むさし》は、十二歳《さい》のときに、ある考《かんが》えにめざめます。

それは、村祭《むらまつ》りのときのことでした。

「みごとだ」

武蔵《むさし》は、二本《ほん》のバチで、たくみに太鼓《たいこ》をたたく村男《むらおとこ》の技《わざ》に、みとれました。

「そうだ。剣《けん》も、両手《りょうて》で一刀《いっとう》をもつのではなく、左右《さゆう》に一刀《いっとう》ずつもてば、相手《あいて》よりも、さらに有《ゆう》利《り》になるのではないか」

武蔵《むさし》は、父《ちち》の無二斎《むにさい》に言《い》いました。

「二刀流《にとうりゅう》こそ、強《つよ》いのではありませんか」

父《ちち》は、反対《はんたい》しました。

「おろかなことを言《い》うな。二刀流《にとうりゅう》は、邪流《じゃりゅう》だ。力《ちから》が集中《しゅうちゅう》できずに、敗《やぶ》れてしまう。そんな考《かんが》えは、すてろ」

しかし、武蔵《むさし》は納得《なっとく》せず、ひそかに、二刀流《にとうりゅう》を修行《しゅぎょう》しました。そして、このころから、武蔵《むさし》は、「見切《みき》り」の技《わざ》に到達《とうたつ》するための、五官《ごかん》（目《め》、耳《みみ》、鼻《はな》、舌《した》、皮膚《ひふ》の五《いつ》つの器官《きかん》）のきわめて鋭敏《えいびん》な感覚《かんかく》を獲得《かくとく》していったのです。

武蔵《むさし》は、こう考《かんが》えました。

人《ひと》は、左右《さゆう》の目《め》を使《つか》ってこそ、対象《たいしょう》を正確《せいかく》にとらえ、より正《ただ》しく、対象《たいしょう》との距離《きょり》を目測《もくそく》することができるのではないか。これと同《おな》じように、左右《さゆう》の刀《かたな》を自在《じざい》に使《つか》うことで、相手《あいて》との距離《きょり》が、より正確《せいかく》にわかるのではないか。

こうした思《おも》いが、しだいに、かたちをとっていったのが、のちに武蔵《むさし》が身《み》につけることになる、「見切《みき》り」の技《わざ》でした。


武蔵《むさし》がはじめて決闘《けっとう》したのは、まだ十三歳《さい》のときでした。

二本《ほん》の木刀《ぼくとう》をもって、剣《けん》の練習《れんしゅう》をしている武蔵《むさし》を、ひとりの武芸者《ぶげいしゃ》らしい男《おとこ》があざ笑《わら》ったのです。

「おい、小僧《こぞう》、二刀流《にとうりゅう》のまねごとか」

武蔵《むさし》は相手《あいて》をにらみつけました。

「あなたは、どこのだれなのか」

男《おとこ》はいばって、言《い》いました。

「わしは、有馬喜兵衛《ありまきへえ》。新当流《しんとうりゅう》の免許皆伝《めんきょかいでん》だ」

武蔵《むさし》はふっと笑《わら》って、言《い》いました。

「知《し》らないな、そんな流派《りゅうは》。どうせ、勝手《かって》につくったのだろう」

とたんに喜兵衛《きへえ》は顔《かお》を真《ま》っ赤《か》にして怒《おこ》り、腰《こし》の剣《けん》をつかんで、どなりました。

「こわっぱ。死《し》にたいかっ」

武蔵《むさし》は、冷静《れいせい》に二本《ほん》の木刀《ぼくとう》をかまえて、言《い》いかえしました。

「死《し》ぬのは、どちらかな」

まだ「見切《みき》り」の技《わざ》をきわめていなかったのに、喜兵衛《きへえ》が大上段《だいじょうだん》からふりおろした剣《けん》をとっさにかわしたのは、武蔵《むさし》の天分《てんぶん》であり、戦《たたか》う本能《ほんのう》でした。

「きさまっ」

空振《からぶ》りしてしまい、かっとなった喜兵衛《きへえ》の胸《むね》を、武蔵《むさし》は、左《ひだり》の木刀《ぼくとう》でつきました。喜兵衛《きへえ》がぐらついたとき、武蔵《むさし》はひゅっと飛《と》んで、右《みぎ》の木刀《ぼくとう》を、喜兵衛《きへえ》の頭上《ずじょう》にふりおろしました。

「うっ」

喜兵衛《きへえ》は、頭《あたま》をうちくだかれて、たおれました。

これが、武蔵《むさし》が戦《たたか》った、はじめての決闘《けっとう》となったのです。十三歳《さい》の新免武蔵《しんめんむさし》が、大人《おとな》の剣客《けんかく》を撃《う》ち殺《ころ》した。そのうわさを聞《き》きつけた武芸者《ぶげいしゃ》たちが、つぎつぎと、武蔵《むさし》の前《まえ》に立《た》ちはだかりました。

「小僧《こぞう》、わしが相手《あいて》だ」

武蔵《むさし》は、二本《ほん》の木刀《ぼくとう》で、彼《かれ》らを、すべてしりぞけていきました。

わたしは強《つよ》い。

武蔵《むさし》は、さらに強《つよ》くなろうと、武者修行《むしゃしゅぎょう》の旅《たび》にでました。

慶長《けいちょう》九年《ねん》(一六〇四)、武蔵《むさし》は、京《きょう》に入《はい》りました。

めざすは、吉岡一門《よしおかいちもん》。

当代一《とうだいいち》の武道《ぶどう》の名門《めいもん》といわれていた吉岡道場《よしおかどうじょう》に行《い》くと、武蔵《むさし》は、試合《しあい》をもうしこみました。

「しゃらくさいやつめ」

当主《とうしゅ》の吉岡清十郎《よしおかせいじゅうろう》は、武蔵《むさし》をかろんじて、まわりがとめるのも聞《き》かず、京都《きょうと》の郊外《こうがい》、蓮台野《れんだいの》で立《た》ち合《あ》うことにしました。

清十郎《せいじゅうろう》は真剣《しんけん》、武蔵《むさし》は木刀《ぼくとう》でしたが、勝負《しょうぶ》は一瞬《いっしゅん》で決《けっ》しました。

びゅっと風《かぜ》をきる清十郎《せいじゅうろう》の剣《けん》をかわしざま、武蔵《むさし》の木刀《ぼくとう》が、清十郎《せいじゅうろう》の肩《かた》をうちくだいたのです。

「仇討《あだう》ちだ」

弟《おとうと》の伝七郎《でんしちろう》が、武蔵《むさし》に決闘《けっとう》をもうしこみました。

京都《きょうと》の三十三間堂《さんじゅうさんげんどう》で、武蔵《むさし》と伝七郎《でんしちろう》は戦《たたか》いましたが、それも一撃《いちげき》できまりました。道場《どうじょう》でしか戦《たたか》ったことのない伝七郎《でんしちろう》は、そのころ、「見切《みき》り」の技《わざ》をみがきあげて、完成《かんせい》させつつあった武蔵《むさし》の敵《てき》ではなかったのです。

当主《とうしゅ》とその弟《おとうと》をたおされた吉岡一門《よしおかいちもん》は、清十郎《せいじゅうろう》の子《こ》、十歳《さい》の又七郎《またしちろう》を名目人《めいもくにん》にして、百人《にん》の手《て》勢《ぜい》をつれて、武蔵《むさし》を討《う》ちはたそうとしました。

武蔵《むさし》は、早朝《そうちょう》に出発《しゅっぱつ》し、決闘《けっとう》の場《ば》である一乗寺《いちじょうじ》下《さが》り松《まつ》で、吉岡一門《よしおかいちもん》を待《ま》ちうけました。

やがて、又七郎《またしちろう》が百人《にん》の門弟《もんてい》にまもられて、やってきました。

「南無《なむ》」

武蔵《むさし》は気合《きあ》いをこめて、まず又七郎《またしちろう》を斬《き》りすてました。そして、動揺《どうよう》する吉岡門弟《よしおかもんてい》たちを相手《あいて》に、前後左右《ぜんごさゆう》に斬《き》りくずしていったのです。

百人《にん》の相手《あいて》と、いかに戦《たたか》うか。

このとき、武蔵《むさし》は、左右《さゆう》の手《て》に太刀《たち》をもって、ひたすら二刀流《にとうりゅう》で斬《き》りまくったのでした。おそいかかってくる百人《にん》の剣先《けんさき》を、みがきあげられた「見切《みき》り」の感覚《かんかく》で、正確《せいかく》にとらえ、戦《たたか》いつづけたのです。

このときの二刀流《にとうりゅう》が、のちに「二天一流《にてんいちりゅう》」と名《な》づけた「円明流《えんみょうりゅう》」となったのでした。

佐々木小次郎《ささきこじろう》は、*越前《えちぜん》に生《う》まれました。

豪族《ごうぞく》だった父《ちち》は、小次郎《こじろう》を、おさないころから、中条流《ちゅうじょうりゅう》の富田《とだ》勢源《せいげん》の道場《どうじょう》にあずけました。天分《てんぶん》ゆたかな小次郎《こじろう》は、けいこにはげみ、日《ひ》に日《ひ》に、腕《うで》をあげていきました。

小次郎《こじろう》の剣《けん》さばきは、ほかのだれよりも、速《はや》さがぬきんでていました。まさに、目《め》にもとまらない速《はや》さであり、ほかの門下生《もんかせい》が、上段《じょうだん》から下段《げだん》へ、木刀《ぼくとう》を一秒《びょう》でふりおろすところを、小次郎《こじろう》は、その半分《はんぶん》の速《はや》さでふりおろすことができたのです。

その結果《けっか》、対戦相手《たいせんあいて》が面《めん》をうつよりも速《はや》く、面《めん》をうつことができました。相手《あいて》が胴《どう》をはらうよりも速《はや》く、胴《どう》をはらうことができたのです。

「小次郎《こじろう》は、子《こ》どもなのに、めっぽう強《つよ》い」

門下生《もんかせい》たちは舌《した》を巻《ま》くばかりでした。

そして、この剣《けん》さばきの速《はや》さは、年《とし》を追《お》うにつれて、さらに速《はや》くなっていったのです。

「小太刀《こだち》は、太刀《たち》に勝《か》つ」

勢源《せいげん》は、一尺《いっしゃく》五寸《すん》（約《やく》四十五センチ）の小太刀《こだち》で、戦《たたか》う兵法《へいほう》を教《おし》えていました。そして、三尺《じゃく》

＊越前《えちぜん》……現在《げんざい》の福井県《ふくいけん》の北部《ほくぶ》にあたる地域《ちいき》。

（約《やく》九十センチ）以上《いじょう》の太刀《たち》にたいして、らくらくと勝《か》つことができたのです。

「小次郎《こじろう》、相手《あいて》をせよ」

勢源《せいげん》は、みずからの鍛錬《たんれん》の相手《あいて》に、小次郎《こじろう》を選《えら》びました。

「そなたは、大太刀《おおだち》をもて」

「はっ」

小次郎《こじろう》は、三尺《じゃく》の大太刀《おおだち》をもって、小太刀《こだち》をもつ勢源《せいげん》と、毎日《まいにち》立《た》ち合《あ》うことになりました。はじめは、まったく師《し》に勝《か》てませんでしたが、十八歳《さい》になったころ、小次郎《こじろう》は、勢源《せいげん》と互角《ごかく》にわたりあえるようになってきました。

中条流《ちゅうじょうりゅう》の門下生《もんかせい》は、小次郎《こじろう》をねたみました。

「師《し》は、あとつぎを、小次郎《こじろう》にきめたそうだぞ」

そんなうわさに、師《し》の弟《おとうと》である富田源三《とだげんぞう》が怒《おこ》りました。源三《げんぞう》は、中条流《ちゅうじょうりゅう》の高弟《こうてい》のなかで、小太刀《こだち》をとっては、無敵《むてき》の使《つか》い手《て》でした。

「おい、小次郎《こじろう》」

源三《げんぞう》は、小次郎《こじろう》に言《い》いました。

「おれと戦《たたか》え」

小次郎《こじろう》は、勢源《せいげん》をみやりました。もしも、源三《げんぞう》に勝《か》てば、自分《じぶん》は道場《どうじょう》にはいられなくなる。そう思《おも》ったからです。

「兄者《あにじゃ》」

源三《げんぞう》は、勢源《せいげん》に言《い》いました。

「この道場《どうじょう》をつぐのは、おれか、小次郎《こじろう》か。どちらが勝《か》つかで、きめればいい」

勢源《せいげん》は、しばらく考《かんが》えたあと、うなずきました。

「よし、立《た》ち合《あ》え」

源三《げんぞう》は、小太刀《こだち》の木刀《ぼくとう》をふりかざし、小次郎《こじろう》にするどくうちかかってきました。その動《うご》きをみながら、小次郎《こじろう》は思《おも》いました。

「なんと、のろい動《うご》きか」

源三《げんぞう》の小太刀《こだち》をかわしつづけたあと、小次郎《こじろう》は、ついに、目《め》にもとまらぬ速《はや》さで、びしっと、源三《げんぞう》の左肩《ひだりかた》を、大太刀《おおだち》の木刀《ぼくとう》でうちすえました。

「うっ」

源三《げんぞう》は、真《ま》っ青《さお》な顔《かお》になり、その場《ば》にたおれました。肩《かた》の骨《ほね》がくだけたのです。

その晩《ばん》、小次郎《こじろう》は、道場《どうじょう》をでていきました。

もはや、富田道場《とだどうじょう》で、学《まな》ぶことはない。そう思《おも》った小次郎《こじろう》は、さらに強《つよ》くなるために、剣《けん》の修《しゅ》行《ぎょう》を求《もと》めて、諸国《しょこく》へ旅《たび》にでたのです。

——巌流《がんりゅう》、佐々木小次郎《ささきこじろう》。

小次郎《こじろう》は、みずから、一流《いちりゅう》を立《た》てることにしました。まさしく、十八歳《さい》で、「巌流《がんりゅう》」という流《りゅう》派《は》をうち立《た》てたのです。

刃渡《はわた》り三尺《じゃく》の名刀《めいとう》、備前長光《びぜんながみつ》を背中《せなか》に負《お》って、小次郎《こじろう》は兵法《へいほう》の旅《たび》をつづけました。旅《たび》のとちゅうで、多《おお》くの武芸者《ぶげいしゃ》たちが、小次郎《こじろう》にいどんできました。

「なんだ、その大太刀《おおだち》は」

「巌流《がんりゅう》などとは、こざかしいやつ」

十八歳《さい》の小次郎《こじろう》をかろんじた武芸者《ぶげいしゃ》たちは、小次郎《こじろう》の刀《かたな》の速《はや》さに、手《て》もなく敗《やぶ》れていきました。

「わたしは、無敵《むてき》だ」

小次郎《こじろう》は、そう自負《じふ》するようになりました。

しかし、もっと強《つよ》くならねばならない。そのためには、どうすればよいのか。

強《つよ》くなるための修行《しゅぎょう》をひたすら求《もと》めつづけた小次郎《こじろう》の前《まえ》に、立《た》ちはだかったのが、越前一乗滝《えちぜんいちじょうだき》で出会《であ》った、おそるべき敵《てき》でした。

それは、人間《にんげん》ではありませんでした。燕《つばめ》だったのです。

滝《たき》の前《まえ》を、おそろしい速《はや》さで、飛《と》びかっていく燕《つばめ》たちに、小次郎《こじろう》はみとれました。

なんという速《はや》さか。

その動《うご》きをみつめて、小次郎《こじろう》は思《おも》いました。

飛《と》んでいく燕《つばめ》のあとを追《お》うのではなく、燕《つばめ》が向《む》かおうとする地点《ちてん》から、太刀《たち》をふるうことができれば、真《しん》に無敵《むてき》となる。

こうして、燕《つばめ》を相手《あいて》に、毎日《まいにち》、小次郎《こじろう》は長剣《ちょうけん》をふるうようになりました。

はじめは、どうやっても、燕《つばめ》に剣先《けんさき》をかわされていましたが、やがて、的確《てきかく》にとらえることができるようになりました。

まさしく、小次郎《こじろう》は秘技《ひぎ》に開眼《かいがん》したのです。

――燕返《つばめがえ》し。

小次郎《こじろう》は、その技《わざ》を、そう名《な》づけました。

巌流《がんりゅう》、燕返《つばめがえ》し。佐々木小次郎《ささきこじろう》。

その名《な》は、いつしか全国《ぜんこく》にとどろくようになりました。

立《た》ち合《あ》って、だれも勝《か》ったことがない、十八歳《さい》の剣士《けんし》、佐々木小次郎《ささきこじろう》。その名《な》を聞《き》きつけた細川忠興《ほそかわただおき》は、小次郎《こじろう》を、小倉藩《こくらはん》の剣術師範《けんじゅつしはん》にばってきしました。

もはや、敵《てき》なし。

一度《ど》も、負《ま》けたことのない、巌流《がんりゅう》、佐々木小次郎《ささきこじろう》。

しかし、小次郎《こじろう》の前《まえ》に、いかつい巌《いわお》のように立《た》ちはだかった相手《あいて》が、いました。

それが、いまだ一度《ど》も敗《やぶ》れたことのない、二十九歳《さい》の宮本武蔵《みやもとむさし》でした。

武蔵《むさし》と小次郎《こじろう》。

いずれが勝《か》つか。いずれが敗《やぶ》れるか。しかし、いずれが勝《か》っても、負《ま》けたほうは死《し》ぬ。

その非情《ひじょう》な戦《たたか》いが、慶長《けいちょう》十七年《ねん》（一六一二）、長門《ながと》と＊豊前《ぶぜん》のさかい、巌流島《がんりゅうじま》（船島《ふなしま》とも呼《よ》ばれる）で、くりひろげられることになったのです。

＊豊前《ぶぜん》……現在《げんざい》の福岡県東部《ふくおかけんとうぶ》・大分県北部《おおいたけんほくぶ》あたり。

無敗《むはい》の武芸者《ぶげいしゃ》、武蔵《むさし》と小次郎《こじろう》の決闘《けっとう》は、まさしく、武蔵《むさし》の秘技《ひぎ》「見切《みき》り」と小次郎《こじろう》の秘技《ひぎ》「燕《つばめ》返《がえ》し」の戦《たたか》いでした。

このとき、武蔵《むさし》は、二刀流《にとうりゅう》ではありませんでした。舟《ふね》の櫂《かい》を四尺《しゃく》（約《やく》百二十センチ）の長《なが》さにきって、脇《わき》を削《けず》り、さきをとがらせたものを、太刀《たち》がわりに、ひっさげていました。小次郎《こじろう》の三尺《じゃく》（約《やく》九十センチ）の備前長光《びぜんながみつ》に、対抗《たいこう》するためでした。

小次郎《こじろう》よりもさきに巌流島《がんりゅうじま》にきた武蔵《むさし》は、鉢巻《はちま》きをむすんで、砂浜《すなはま》に立《た》ち、小次郎《こじろう》を待《ま》ちました。そのとき、武蔵《むさし》は、秘策《ひさく》として、櫂《かい》の先端《せんたん》を砂《すな》のなかにつきさして、その正確《せいかく》な長《なが》さがわからないようにしました。

やがて、小次郎《こじろう》の姿《すがた》がみえました。

「きたか、小次郎《こじろう》」

小次郎《こじろう》は、小舟《こぶね》に乗《の》って、巌流島《がんりゅうじま》をみわたしました。砂浜《すなはま》に、武蔵《むさし》がひとり立《た》っている姿《すがた》が、みえました。

「武蔵《むさし》か」

小次郎《こじろう》は小舟《こぶね》をおりて、砂浜《すなはま》にあがりました。武蔵《むさし》に向《む》かって、速足《はやあし》で歩《ある》きながら、備前長光《びぜんながみつ》を鞘《さや》ごとつかみ、刀《かたな》をぬき、鞘《さや》を投《な》げすてました。

武蔵《むさし》は仁王立《におうだ》ちになり、目《め》を光《ひか》らせて、小次郎《こじろう》が近《ちか》づいてくるのを待《ま》ちました。

どれほど、小次郎《こじろう》の太刀《たち》が速《はや》かろうと、その切《き》っ先《さき》がどこまで届《とど》くかを「見切《みき》れば」、自分《じぶん》のほうが勝《か》つ。

武蔵《むさし》は、みずからの「見切《みき》り」を信《しん》じました。

小次郎《こじろう》は、三尺《じゃく》の刀《かたな》を、左右《さゆう》にふりまわしはじめました。「燕返《つばめがえ》し」の技《わざ》のなかで、もっとも高度《こうど》な技《わざ》である「水車《みずぐるま》」でした。

武蔵《むさし》は切《き》っ先《さき》を見切《みき》る兵法《へいほう》だと、知《し》っていた小次郎《こじろう》は、まさに、水車《みずぐるま》が回転《かいてん》するように、刀《かたな》を高速《こうそく》で回転《かいてん》させて、「見切《みき》り」の技《わざ》が使《つか》えないようにしたのです。

水車《みずぐるま》の技《わざ》を使《つか》いながら、小次郎《こじろう》は、おそろしい速《はや》さで、武蔵《むさし》に斬《き》りかかっていきました。その切《き》っ先《さき》が、武蔵《むさし》の頭上《ずじょう》に届《とど》く寸前《すんぜん》で、武蔵《むさし》は櫂《かい》をひきぬいて、うしろに飛《と》びすさったのです。

武蔵《むさし》の鉢巻《はちま》きがはらりとおちました。まさしく、皮一枚《かわいちまい》で、切《き》っ先《さき》を見切《みき》ったのです。

さらに武蔵《むさし》は、人間《にんげん》わざとは思《おも》えない動《うご》きで、飛《と》びあがりました。三尺《じゃく》ではぎりぎり届《とど》かなかった距離《きょり》でしたが、四尺《しゃく》の櫂《かい》は、相手《あいて》をしっかりとらえたのです。目《め》にもとまらない速《はや》さで、ふりおろされた武蔵《むさし》の櫂《かい》は、小次郎《こじろう》の頭《あたま》をうちくだきました。

巌流島《がんりゅうじま》の決闘《けっとう》のあと、武蔵《むさし》は、二度《ど》と真剣勝負《しんけんしょうぶ》をしませんでした。

二天一流《にてんいちりゅう》の極意《ごくい》をつたえる「兵法三十五箇条《へいほうかじょう》」を書《か》いて、*肥後《ひご》の細川藩《ほそかわはん》に三百石《こく》で召《め》しかかえられた武蔵《むさし》は、その晩年《ばんねん》は、茶《ちゃ》、木彫《きぼ》り、山水画《さんすいが》などの書画《しょが》をたしなみ、日々《ひび》をおだやかにすごしました。

寛永《かんえい》二十年《ねん》（一六四三）より、みずからの兵法《へいほう》の奥義《おうぎ》を記《しる》そうと、『五輪書《ごりんのしょ》』を書《か》きはじめた武蔵《むさし》は、その二年後《ねんご》、六十一年《ねん》の生涯《しょうがい》を終《お》えました。

晩年《ばんねん》の山水画《さんすいが》、そして、木彫《きぼ》りの仏像《ぶつぞう》には、永遠《えいえん》のライバルであった佐々木小次郎《ささきこじろう》をはじめとする、武蔵《むさし》がたおした六十余人《よにん》の武芸者《ぶげいしゃ》たちへの、深《ふか》い祈《いの》りがこめられているのです。

＊肥後《ひご》……現在《げんざい》の熊本県《くまもとけん》あたり。

コラム
6

世界《せかい》にほこる江戸《えど》文芸《ぶんげい》の頂点《ちょうてん》
西鶴《さいかく》と芭蕉《ばしょう》

井原西鶴《いはらさいかく》は、寛永《かんえい》十九年《ねん》（一六四二）、大坂《おおさか》の町人《ちょうにん》の子《こ》として生《う》まれました。十五歳《さい》のころから俳諧師《はいかいし》をめざし、一昼夜《いっちゅうや》二万《まん》三千《ぜん》五百句《く》の独吟《どくぎん》という空前《くうぜん》の記録《きろく》をうち立《た》てました。『好色一代男《こうしょくいちだいおとこ》』などの「好色物《こうしょくもの》」、『武道伝来記《ぶどうでんらいき》』などの「武家物《ぶけもの》」、『日本永代蔵《にほんえいたいぐら》』などの「町人物《ちょうにんもの》」と、すぐれた作品《さくひん》を世《よ》に送《おく》りだし、世界的《せかいてき》な評価《ひょうか》を受《う》ける浮世草子《うきよぞうし》作家《さっか》となったのです。

辞世《じせい》の句《く》は、

――浮世《うきよ》の月見過《つきみす》ごしにけり末《すえ》二年《ねん》

（人《ひと》の世《よ》の一生《いっしょう》は、五十年《ねん》なのに、自分《じぶん》は二年《ねん》も長《なが》く生《い》きて、浮世《うきよ》の月《つき》をながめてきたのだな）

松尾芭蕉《まつおばしょう》は、正保元年《しょうほうがんねん》（一六四四）、*伊賀上野《いがうえの》に生《う》まれました。

延宝五年《えんぽうねん》（一六七七）には、俳諧《はいかい》の宗匠《そうしょう》となり、『野《の》ざらし紀行《きこう》』、『笈《おい》の小《こ》文《ぶみ》』『おくのほそ道《みち》』などの紀行文《きこうぶん》や、『猿蓑《さるみの》』など芭蕉七部集《ばしょうしちぶしゅう》といわれる俳諧《はいかい》集《しゅう》をのこしました。

俳諧《はいかい》の頂点《ちょうてん》をきわめた芭蕉《ばしょう》は、他《た》の追随《ついずい》をゆるさない最高《さいこう》の俳人《はいじん》として、たたえられています。

辞世《じせい》の句《く》は、

——旅《たび》に病《や》んで夢《ゆめ》は枯野《かれの》をかけめぐる

（旅《たび》のさなかにたおれ、いまは夢《ゆめ》ばかりが枯野《かれの》をかけめぐっている）

上方《かみがた》で活躍《かつやく》した西鶴《さいかく》と、江戸《えど》で活躍《かつやく》した芭蕉《ばしょう》。ふたりは、ライバルと呼《よ》ぶにふさわしい、江戸《えど》前期《ぜんき》のすぐれた芸術家《げいじゅつか》でした。

＊伊賀上野《いがうえの》……伊賀国《いがのくに》（現在《げんざい》の三重県西部《みえけんせいぶ》あたり）にあった地名《ちめい》。

コラム7

日本人《にほんじん》の愛《あい》するドラマの原点《げんてん》
浅野内匠頭《あさのたくみのかみ》と吉良上野介《きらこうずけのすけ》

大石内蔵助《おおいしくらのすけ》をリーダーとした、*赤穂浪士《あこうろうし》らによる仇討《あだう》ちの物語《ものがたり》である「忠臣蔵《ちゅうしんぐら》」は、ほとんどの日本人《にほんじん》が知《し》っていますね。

江戸《えど》の元禄時代《げんろくじだい》に実際《じっさい》に起《お》きたその事件《じけん》のはじまりは、赤穂《あこう》五万《まん》三千《ぜん》五百石《こく》の大名《だいみょう》、浅野内匠頭《あさのたくみのかみ》と、三河吉良《みかわきら》の高家《こうけ》（江戸幕府《えどばくふ》において儀式《ぎしき》や典礼《てんれい》をつかさどる役職《やくしょく》の家《いえ》）、吉良上野介《きらこうずけのすけ》とのあらそいからでした。

元禄《げんろく》十四年《ねん》（一七〇一）の三月《がつ》、浅野内匠頭《あさのたくみのかみ》は、伊達宗春《だてむねはる》とともに、勅使御《ちょくしご》馳走役《ちそうやく》に命《めい》じられました。これは、京都《きょうと》の朝廷《ちょうてい》から江戸城《えどじょう》に、年賀《ねんが》のあいさつにきた勅使《ちょくし》を接待《せったい》する役目《やくめ》でした。

「この役目《やくめ》、ゆめゆめ、しくじってはなるまい」

＊赤穂《あこう》……兵庫県《ひょうごけん》の南西部《なんせいぶ》にある地名《ちめい》。瀬戸内海《せとないかい》に面《めん》している。

浅野内匠頭《あさのたくみのかみ》は、そうした儀式《ぎしき》にくわしい高家《こうけ》の吉良上野介《きらこうずけのすけ》に、教《おし》えをこう必要《ひつよう》がありました。しかし、そのさいには、当時《とうじ》の慣習《かんしゅう》として、千五百両《りょう》ほどの「わいろ」を、上野介《こうずけのすけ》に贈《おく》らねばなりませんでした。ところが、内匠頭《たくみのかみ》はそれをけちって、七百両《りょう》ですまそうとしたのです。

「田舎大名《いなかだいみょう》め。だれが教《おし》えてやるものか」

上野介《こうずけのすけ》は、内匠頭《たくみのかみ》になにも教《おし》えてやろうとしませんでした。

いやがらせを重《かさ》ねられ、がまんの限界《げんかい》に達《たっ》した内匠頭《たくみのかみ》は、江戸城内《えどじょうない》で、刀《かたな》をぬいて、上野介《こうずけのすけ》に斬《き》りかかってしまいます。内匠頭《たくみのかみ》は切腹《せっぷく》させられ、赤穂藩《あこうはん》はとりつぶし。しかし、上野介《こうずけのすけ》は、おとがめなし。

「けんか両成敗《りょうせいばい》」に反《はん》するのではないかと、浅野家家臣《あさのけかしん》はいきどおり、「主君《しゅくん》のうらみをはらす」と考《かんが》える者《もの》が結集《けっしゅう》します。

これが、日本人《にほんじん》がこよなく愛《あい》する、元禄《げんろく》ドラマ「忠臣蔵《ちゅうしんぐら》」へと、なっていくのです。

コラム 8

江戸《えど》の「荒事《あらごと》」、上方《かみがた》の「和事《わごと》」 市川團十郎《いちかわだんじゅうろう》と坂田藤十郎《さかたとうじゅうろう》

はじめての「千両役者《せんりょうやくしゃ》（一年間《ねんかん》に千両《せんりょう》かせぐほど芸《げい》、人気《にんき》ともに持《も》ちあわせている役者《やくしゃ》）」として、空前《くうぜん》の人気《にんき》を博《はく》した市川團十郎《いちかわだんじゅうろう》は、元禄元年《げんろくがんねん》（一六八八）、初代《しょだい》の團十郎《だんじゅうろう》の子《こ》として、江戸《えど》に生《う》まれました。十七歳《さい》のときに、父《ちち》が舞台《ぶたい》で死《し》んだことから、二代目《だいめ》をついだのです。

最初《さいしょ》は、小柄《こがら》で、あまりぱっとしなかった彼《かれ》は、ひたすら熱心《ねっしん》にけいこして、父《ちち》の演《えん》じた『曾我五郎《そがごろう》』『暫《しばらく》』『不破《ふわ》』『鳴神《なるかみ》』『不動《ふどう》』などの「荒事《あらごと》」にみがきをかけ、『助六《すけろく》』『景清《かげきよ》』などを初演《しょえん》し、おおあたりをとりました。「荒事《あらごと》」の化粧法《けしょうほう》である隈取《くまど》りを美《うつく》しく洗練《せんれん》させ、「役者《やくしゃ》の氏神《うじがみ》」とたたえられました。

坂田藤十郎《さかたとうじゅうろう》は、正保《しょうほう》四年《ねん》（一六四七）、京都《きょうと》の芝居座《しばいざ》の子《こ》として生《う》まれまし

た。三十歳《さい》のときに、京《きょう》の都万大夫一座《みやこまんだゆういちざ》の、花形役者《はながたやくしゃ》として活躍《かつやく》し、抜群《ばつぐん》の人気《にんき》をほこるようになりました。

元禄六年《げんろくねん》（一六九三）以降《いこう》は、浄瑠璃作者《じょうるりさくしゃ》の近松門左衛門《ちかまつもんざえもん》と組《く》んで、たおやかな気品《きひん》と芸術性《げいじゅつせい》をそなえた、人情味《にんじょうみ》あふれる、すぐれた舞台《ぶたい》を創造《そうぞう》し、上方《かみがた》の「和事《わごと》」の演技様式《えんぎようしき》を完成《かんせい》させました。

元禄期《げんろくき》の歌舞伎《かぶき》をになった團十郎《だんじゅうろう》と藤十郎《とうじゅうろう》は、江戸《えど》の「荒事《あらごと》」と上方《かみがた》の「和《わ》事《ごと》」の名手《めいしゅ》として、人気《にんき》と才能《さいのう》をかねそなえた、まさしくライバル役者《やくしゃ》といえるでしょう。

コラム 9

世界《せかい》に影響《えいきょう》をあたえた江戸《えど》の絵師《えし》 北斎《ほくさい》と広重《ひろしげ》

葛飾北斎《かつしかほくさい》と安藤《あんどう》（歌川《うたがわ》）広重《ひろしげ》は、江戸後期《えどこうき》に活躍《かつやく》した、天才的《てんさいてき》な浮世絵師《うきよえし》であり、ふたりの才能《さいのう》は、風景画《ふうけいが》というジャンルにおいて、頂点《ちょうてん》にたっしました。

北斎《ほくさい》は、宝暦《ほうれき》十年《ねん》（一七六〇）に、広重《ひろしげ》は、寛政《かんせい》九年《ねん》（一七九七）に、ふたりとも、江戸《えど》に生《う》まれました。

北斎《ほくさい》は、勝川春草《かつかわしゅんしょう》に浮世絵《うきよえ》を学《まな》んだあと、司馬江漢《しばこうかん》に洋画法《ようがほう》を学《まな》び、役者絵《やくしゃえ》や美人画《びじんが》を得意《とくい》としましたが、それに満足《まんぞく》せず、新《あたら》しい分野《ぶんや》を開拓《かいたく》しようとしました。

「いや、こんなものではない。わしの絵《え》は、もっとすごいはずだ」

そうして人物《じんぶつ》以外《いがい》のモチーフをもとめるようになったのです。

いっぽう、広重《ひろしげ》も、浮世絵《うきよえ》の諸流派《しょりゅうは》を学《まな》んだあと、西洋画《せいようが》の遠近法《えんきんほう》を学《まな》びました。そして、その成果《せいか》を描《えが》こうと、諸国《しょこく》を遊歴《ゆうれき》しました。

「そうだ。わたしの描《えが》くべき絵《え》は、この風景《ふうけい》だ」

こうして、北斎《ほくさい》も、広重《ひろしげ》も、ライバルが競《きそ》いあうように、風景画《ふうけいが》というジャンルに、新《あたら》しい風《かぜ》を吹《ふ》きこみました。

北斎《ほくさい》の「富嶽三十六景《ふがくさんじゅうろっけい》」（名峰《めいほう》、富士山《ふじさん》を各地《かくち》から望《のぞ》んで描《えが》いた三十六枚《まい》の風景画《ふうけいが》・浮世絵《うきよえ》）と、広重《ひろしげ》の「東海道五十三次《とうかいどうごじゅうさんつぎ》」（江戸時代《えどじだい》、東海道《とうかいどう》にあった五十三の宿場《しゅくば》を描《えが》いた風景画《ふうけいが》・浮世絵《うきよえ》）。それは、日本《にほん》が世界《せかい》にほこる芸術作品《げいじゅつさくひん》であり、その色彩《しきさい》と構図《こうず》のすばらしさは、ため息《いき》がでるような名作《めいさく》ぞろいです。

第《だい》十一章《しょう》

新《あたら》しい時代《じだい》をになうために 佐《さ》幕《ばく》派《は》と倒《とう》幕《ばく》派《は》

「江戸幕府《えどばくふ》をこのままつづけさせるのが、わが国《くに》にとって、もっともよい」

それが、佐幕派《さばくは》の意見《いけん》でした。

「いや、新《あたら》しい時代《じだい》をこさせるためには、古《ふる》い幕府《ばくふ》はたおさなくてはならない」

それが、倒幕派《とうばくは》の意見《いけん》でした。

まさしく、佐幕派《さばくは》と倒幕派《とうばくは》は、日本《にほん》の運命《うんめい》をめぐって、たがいに共存《きょうぞん》することができない、ライバルでした。

では、このライバルが、どうして生《う》まれてきたのでしょうか。

徳川幕府《とくがわばくふ》は、「鎖国《さこく》」という国策《こくさく》のもとに、二百六十五年《ねん》、つづきました。

しかし、嘉永《かえい》六年《ねん》（一八五三）、ペリーひきいる黒船《くろふね》、アメリカ艦隊《かんたい》がやってきて、浦賀《うらが》に入《にゅう》港《こう》し、通商《つうしょう》（外国《がいこく》と商売《しょうばい》の取引《とりひき》をすること）を要求《ようきゅう》し、「開国《かいこく》」をせまったのです。

これにたいして、国内《こくない》の意見《いけん》は、おおきくふたつに分《わ》かれました。

それは、「鎖国《さこく》をやめて、外国《がいこく》と通商《つうしょう》しよう」という開国派《かいこくは》の意見《いけん》と、「ぶれいな異国《いこく》など、わが国《くに》から追《お》いはらってしまえ」という攘夷派《じょういは》の意見《いけん》でした。

「さて、どうしたらよかろう」

幕府《ばくふ》の重臣《じゅうしん》たちは、協議《きょうぎ》を重《かさ》ねました。

あくる安政元年《あんせいがんねん》（一八五四）、ペリーがふたたび来日《らいにち》したために、やむをえず、「日米和親条約《にちべいわしんじょうやく》」をむすぶことになりました。

これは、貿易《ぼうえき》についてはふれられてはいませんが、箱館《はこだて》と下田《しもだ》の二港《こう》をひらき、下田《しもだ》には領事《りょうじ》を駐在《ちゅうざい》させるという条約《じょうやく》であり、鎖国《さこく》の政策《せいさく》はここにおいて、破《やぶ》られてしまったのです。

安政《あんせい》三年《ねん》（一八五六）、駐日《ちゅうにち》アメリカ総領事《そうりょうじ》として、ハリスが下田《しもだ》にやってきて、通商条約《つうしょうじょうやく》をむすぶように要求《ようきゅう》しました。

「やむをえない」

幕府《ばくふ》は、老中《ろうじゅう》の堀田正睦《ほったまさよし》を京《きょう》へ向《む》かわせて、条約《じょうやく》の勅許《ちょっきょ》を、朝廷《ちょうてい》に願《ねが》いでました。しかし、攘《じょう》夷派《いは》が多数《たすう》をしめていた朝廷《ちょうてい》は、これをこばみました。

「こまった」

幕府《ばくふ》は頭《あたま》をかかえました。そのときに、井伊直弼《いいなおすけ》が大老《たいろう》となったのです。

「条約《じょうやく》の調印《ちょういん》について、朝廷《ちょうてい》にうかがいなど、立《た》てなくともよい。これは、幕府《ばくふ》の仕事《しごと》だ」

直弼《なおすけ》は、朝廷《ちょうてい》の意向《いこう》を無視《むし》して、日米修好通商条約《にちべいしゅうこうつうしょうじょうやく》をむすびます。つづいて、ロシア、オランダ、イギリス、フランスとも、条約《じょうやく》をむすんだのです。

さらに、子《こ》のない徳川家定《とくがわいえさだ》のあと、つぎの将軍《しょうぐん》をだれにするかで、もめていたことにも、決断《けつだん》をくだしました。

*1水戸藩主《みとはんしゅ》徳川斉昭《とくがわなりあき》の子《こ》である一橋慶喜《ひとつばしよしのぶ》をおしていた一橋派《ひとつばしは》と、*2紀伊藩主《きいはんしゅ》の徳川慶福《とくがわよしとみ》（家茂《いえもち》）をおしていた南紀派《なんきは》との対立《たいりつ》に、

「つぎは、慶福《よしとみ》さまである」

と、南紀派《なんきは》をおしたのです。

もともと徳川斉昭《とくがわなりあき》を中心《ちゅうしん》にして、雄藩《ゆうはん》（勢力《せいりょく》のある藩《はん》）連合《れんごう》による幕政改革《ばくせいかいかく》と攘夷《じょうい》を主張《しゅちょう》していた一橋派《ひとつばしは》は、幕府独裁《ばくふどくさい》による開国《かいこく》を主張《しゅちょう》していた南紀派《なんきは》に敗《やぶ》れたことに失望《しつぼう》し、勅許《ちょっきょ》を得《え》ないままに、条約《じょうやく》をむすんだ幕府《ばくふ》に、はげしく怒《おこ》ります。

「水戸《みと》の赤鬼《あかおに》め。ゆるさぬ」

*1 水戸藩《みとはん》……常陸国《ひたちのくに》（現在《げんざい》の茨城県《いばらきけん》の大部分《だいぶぶん》）を治《おさ》めていた藩《はん》。徳川御三家《とくがわごさんけ》のひとつ。

こうした反幕府《はんばくふ》の動《うご》きにたいして、直弼《なおすけ》は、きびしく対処《たいしょ》します。徳川斉昭《とくがわなりあき》、一橋慶喜《ひとつばしよしのぶ》らに謹慎《きんしん》を命《めい》じたり、吉田松陰《よしだしょういん》、橋本左内《はしもとさない》らの尊王攘夷派《そんのうじょういは》の志士《しし》たちをとらえて処刑《しょけい》したりして、ようしゃのない弾圧《だんあつ》をくわえたのです。

これが、「安政《あんせい》の大獄《たいごく》」と呼《よ》ばれるものです。

しかし、万延元年《まんえんがんねん》（一八六〇）、水戸藩《みとはん》の浪士《ろうし》たちによりおそわれて、井伊直弼《いいなおすけ》は、暗殺《あんさつ》されてしまいます。「桜田門外《さくらだもんがい》の変《へん》」です。

「大老《たいろう》が、浪士《ろうし》どもに殺《ころ》されるとは」

「なんたること」

権威《けんい》が失墜《しっつい》させられた幕府《ばくふ》は、うろたえます。そして、この危機《きき》を乗《の》りこえるために、考《かん》えだされたのが「公武合体論《こうぶがったいろん》」です。

「朝廷《ちょうてい》（公家《くげ》）と幕府《ばくふ》（武家《ぶけ》）とが、手《て》をむすんで、難局《なんきょく》を打開《だかい》しよう」

そう考《かんが》えたのです。

この考《かんが》えのもとに、二年後《ねんご》に、皇女和宮《こうじょかずのみや》が将軍家茂《しょうぐんいえもち》の正室《せいしつ》となって、江戸《えど》にやってきました。

さらには、薩摩《さつま》、土佐《とさ》、越前《えちぜん》らの諸藩《しょはん》でも、この公武合体論《こうぶがったいろん》が受《う》け入《い》れられていきます。

佐幕派《さばくは》は、この「公武合体論《こうぶがったいろん》」をおしすすめようとします。朝廷《ちょうてい》を無視《むし》することはできないけれども、あくまでも、江戸幕府《えどばくふ》が政治《せいじ》のかじとりをして、現状《げんじょう》はおおきく変《か》えないとする考《かんが》えでした。

しかし、尊王攘夷論《そんのうじょういろん》をとなえていた志士《しし》たちは、そうした考《かんが》えを否定《ひてい》します。

「公武合体論《こうぶがったいろん》では、日本《にほん》は変《か》わらぬ。もはや、江戸幕府《えどばくふ》の役割《やくわり》は終《お》わったのだ。これからは、天《てん》皇《のう》を中心《ちゅうしん》とする、新《あたら》しいかたちの国家《こっか》がのぞましい」

それが、討幕派《とうばくは》の考《かんが》えでした。

この討幕派《とうばくは》の有能《ゆうのう》な人材《じんざい》を多《おお》く生《う》みだしたのが、雄藩《ゆうはん》の代表格《だいひょうかく》ともいうべき、*1薩摩藩《さつまはん》と*2長州藩《ちょうしゅうはん》でした。

薩摩藩《さつまはん》では、西郷隆盛《さいごうたかもり》と大久保利通《おおくぼとしみち》。そして、長州藩《ちょうしゅうはん》では、吉田松陰門下《よしだしょういんもんか》の、高杉晋作《たかすぎしんさく》、木戸《きど》孝允《たかよし》、伊藤博文《いとうひろぶみ》らでした。

さらに、*3土佐藩《とさはん》の坂本龍馬《さかもとりょうま》は、藩《はん》をぬけたあと、倒幕《とうばく》をおしすすめるために、同《おな》じ土佐藩出身《とさはんしゅっしん》の中岡慎太郎《なかおかしんたろう》とともに、それまで犬猿《けんえん》の仲《なか》だった薩摩《さつま》と長州《ちょうしゅう》をむすびつけようと考《かんが》えました。

「薩摩《さつま》と長州《ちょうしゅう》が手《て》をむすべば、天下《てんか》は変《か》わる」

こうして、慶応《けいおう》二年《ねん》（一八六六）、薩摩《さつま》の西郷隆盛《さいごうたかもり》と長州《ちょうしゅう》の桂小五郎《かつらこごろう》（のちの木戸孝允《きどたかよし》）の手《て》

＊1 薩摩藩《さつまはん》……薩摩国《さつまのくに》および大隅国《おおすみのくに》（現在《げんざい》の鹿児島県《かごしまけん》の大部分《だいぶぶん》）を治《おさ》めていた藩《はん》。＊2 長州藩《ちょうしゅうはん》……周防国《すおうのくに》および長門国《ながとのくに》（現《げん》

をにぎらせた「薩長同盟《さっちょうどうめい》」により、倒幕運動《とうばくうんどう》はおおいに力《ちから》を得《え》ます。

「武力《ぶりょく》で、幕府《ばくふ》をたおそう」

この武力《ぶりょく》による倒幕運動《とうばくうんどう》を、公家《くげ》の側《がわ》から、強力《きょうりょく》におしすすめたのが、岩倉具視《いわくらともみ》でした。王政《おうせい》復古《ふっこ》をとなえていた岩倉《いわくら》は、天皇《てんのう》を説《と》きふせ、慶応《けいおう》三年《ねん》（一八六七）、薩摩《さつま》と長州《ちょうしゅう》に、「倒幕《とうばく》」の密勅《みっちょく》をあたえました。


一方《いっぽう》、佐幕派《さばくは》も、手《て》をこまねいてはいませんでした。

「幕府《ばくふ》にさからうとは、ぶれいなやつらめ。そのようなやつらは、ただちに斬《き》りすててくれよう」

この考《かんが》えのもとに、京都《きょうと》で結成《けっせい》されたのが、会津藩《あいづはん》をバックにした新選組《しんせんぐみ》でした。

隊長《たいちょう》、近藤勇《こんどういさみ》、副長《ふくちょう》、土方歳三《ひじかたとしぞう》らの新選組《しんせんぐみ》は、なによりも、これまでの体制《たいせい》をまもり、江戸幕《えどばく》府《ふ》をまもろうとする武装集団《ぶそうしゅうだん》でした。彼《かれ》らは、京都《きょうと》で活躍《かつやく》している討幕派《とうばくは》の志士《しし》たちをおそって、つぎつぎと暗殺《あんさつ》していきました。

倒幕《とうばく》の密勅《みっちょく》がおりたすぐあとでも、京都河原町《きょうとかわらまち》の近江屋《おうみや》では、坂本龍馬《さかもとりょうま》と中岡慎太郎《なかおかしんたろう》が、京都《きょうと》見廻組《みまわりぐみ》と思《おも》われる人物《じんぶつ》に襲撃《しゅうげき》されて、殺《ころ》されました。

誠

ただし、佐幕派《さばくは》には、新選組《しんせんぐみ》のような過激《かげき》な集団《しゅうだん》ばかりではなく、徳川家《とくがわけ》に代々《だいだい》つかえてきた幕臣《ばくしん》の勝海舟《かつかいしゅう》のような、冷静《れいせい》で有能《ゆうのう》な人材《じんざい》もいました。

明治元年《めいじがんねん》（一八六八）、西郷隆盛《さいごうたかもり》がひきいる討幕軍《とうばくぐん》にたいして、勝海舟《かつかいしゅう》は、江戸城《えどじょう》の無血開城《むけつかいじょう》を提案《ていあん》して、西郷隆盛《さいごうたかもり》と会談《かいだん》します。

「江戸城《えどじょう》をあけわたすゆえ、どうか、江戸《えど》を火《ひ》の海《うみ》にするのはやめてほしい」

勝《かつ》のことばに、西郷《さいごう》はうなずきます。

「わかりもうした」

ここに、江戸幕府《えどばくふ》は終《お》わりを告《つ》げるのです。

ライバルだった佐幕派《さばくは》と倒幕派《とうばくは》の戦《たたか》いは、討幕派《とうばくは》の勝利《しょうり》に終《お》わり、明治時代《めいじじだい》という、新《あたら》しい時代《じだい》が、日本《にほん》におとずれるのです。

コラム10

無二《むに》の親友《しんゆう》から、きびしいライバルへ
西郷隆盛《さいごうたかもり》と大久保利通《おおくぼとしみち》

西郷隆盛《さいごうたかもり》と大久保利通《おおくぼとしみち》は、幕末《ばくまつ》の薩摩藩《さつまはん》においては、ともに下《した》っぱの藩士《はんし》でしたが、たがいに相手《あいて》の能力《のうりょく》をみとめあう、よき親友《しんゆう》でした。人望《じんぼう》のあつい西郷《さいごう》は、すぐれた軍事的才能《ぐんじてきさいのう》をもち、怜悧《れいり》な大久保《おおくぼ》は、政策立案《せいさくりつあん》のような政治的能力《せいじてきのうりょく》にすぐれていました。

しかし、薩長《さっちょう》の力《ちから》で、徳川幕府《とくがわばくふ》をたおし、明治政府《めいじせいふ》をうち立《た》てたあと、仲《なか》のよかったふたりは、しだいに対立《たいりつ》するようになり、きびしいライバル関係《かんけい》となっていきます。

士族《しぞく》の不平《ふへい》をおさえるため、西郷《さいごう》は、武力《ぶりょく》をもって朝鮮《ちょうせん》を開国《かいこく》しようとするという「征韓論《せいかんろん》」を主張《しゅちょう》しますが、それをこばむ大久保《おおくぼ》に敗《やぶ》れ、薩摩《さつま》にもどり

ます。

そして、明治《めいじ》十年《ねん》（一八七七）、挙兵《きょへい》して「西南戦争《せいなんせんそう》」を起《お》こしますが、明《めい》治政府《じせいふ》で、独裁体制《どくさいたいせい》をきずいた大久保《おおくぼ》により、乱《らん》はしずめられ、西郷《さいごう》は自殺《じさつ》します。

その一年後《ねんご》、独裁政治《どくさいせいじ》への反発《はんぱつ》から、大久保《おおくぼ》は暗殺《あんさつ》されるのです。無二《むに》の親《しん》友《ゆう》から、ライバルとなったふたりを、みなさんはどう思《おも》いますか。

第《だい》十二章《しょう》

よき友《とも》、よきライバル
福沢諭吉《ふくざわゆきち》と大隈重信《おおくましげのぶ》

明治《めいじ》三十四年《ねん》（一九〇一）、二月三日《がつみっか》、福沢諭吉《ふくざわゆきち》は六十七歳《さい》で息《いき》をひきとりました。

——天《てん》は人《ひと》の上《うえ》に人《ひと》をつくらず。人《ひと》の下《した》に人《ひと》をつくらず。

不朽《ふきゅう》の名言《めいげん》をのこした福沢諭吉《ふくざわゆきち》の自宅《じたく》には、床《とこ》の間《ま》がありませんでした。

「床《とこ》の間《ま》があるから、座《ざ》に上《かみ》とか下《しも》とか、階級《かいきゅう》がつく。だから、かようなものはいらない」そう言《い》っていた福沢《ふくざわ》は、みずからの死《し》にたいして、こう考《かんが》えていました。

「もしもわたしが死《し》んだら、葬儀《そうぎ》は簡素《かんそ》にしなさい。湯灌《ゆかん》はせず、着替《きが》えもせず。そして、わたしの死《し》に顔《がお》を人《ひと》にみせないようにしなさい」

この諭吉《ゆきち》の遺志《いし》を、遺族《いぞく》は尊重《そんちょう》しました。

そのために、諭吉《ゆきち》の死《し》に顔《がお》をみたのは、近親《きんしん》のもの数人《すうにん》だけでした。

しずかで簡素《かんそ》な葬儀《そうぎ》にするはずでしたが、諭吉《ゆきち》の死《し》をいたむ人々《ひとびと》は多《おお》く、葬儀《そうぎ》の参列者《さんれつしゃ》は一万《まん》五千人《せんにん》を超《こ》えました。

「そうか。福沢《ふくざわ》くんが亡《な》くなったか」

諭吉《ゆきち》の死《し》を知《し》らされた大隈重信《おおくましげのぶ》は、庭《にわ》の温室《おんしつ》へ出向《でむ》きました。そこには、みずから育《そだ》てた西洋《せいよう》の花《はな》が咲《さ》きひらいていました。

「福沢《ふくざわ》くん。早《はや》すぎるよ。早《はや》すぎる。人《ひと》は、百二十五歳《さい》まで生《い》きられると、言《い》われているじゃないか」

大隈《おおくま》は涙《なみだ》をうかべて、そうつぶやきながら、花《はな》をきっていきました。そして、諭吉《ゆきち》に贈《おく》る西洋《せいよう》花《か》をつくって、福沢家《ふくざわけ》に届《とど》けたのです。

葬儀《そうぎ》では、福沢家《ふくざわけ》はいっさい供花《きょうか》を受《う》けつけていませんでした。

「もうしわけありませんが……」

受付《うけつけ》は、はじめ、その花《はな》をことわろうとしました。

しかし、その花《はな》は、大隈《おおくま》が育《そだ》てて、涙《なみだ》ながらに切《き》った花《はな》だと知《し》らされると、受付《うけつけ》はそれをだまって、受《う》けとったのでした。

慶應義塾《けいおうぎじゅく》を設立《せつりつ》した福沢諭吉《ふくざわゆきち》。

東京専門学校《とうきょうせんもんがっこう》（のちの早稲田大学《わせだだいがく》）を開設《かいせつ》した大隈重信《おおくましげのぶ》。

ふたりは、ともに江戸時代《えどじだい》に、九州《きゅうしゅう》の武士《ぶし》の家《いえ》に生《う》まれました。明治維新《めいじいしん》のあと、福沢《ふくざわ》は、民間《みんかん》にあって、自由《じゆう》で柔軟《じゅうなん》な合理的思考《ごうりてきしこう》をもつ啓蒙思想家《けいもうしそうか》として生《い》き、大隈《おおくま》は、首相《しゅしょう》や外務大臣《がいむだいじん》を歴任《れきにん》した政治家《せいじか》として生《い》きました。

対照的《たいしょうてき》な生《い》き方《かた》をしたふたりは、永遠《えいえん》のライバルのようにもみえますが、実際《じっさい》は、それぞれの立場《たちば》から相手《あいて》を助《たす》けあう、親《した》しい友人《ゆうじん》でした。


福沢諭吉《ふくざわゆきち》は、天保《てんぽう》五年《ねん》（一八三四）に、豊前中津藩《ぶぜんなかつはん》に生《う》まれました。父《ちち》の百助《ひゃくすけ》は、下級藩士《かきゅうはんし》で、漢学者《かんがくしゃ》でした。

諭吉《ゆきち》は五歳《さい》ごろから、漢学《かんがく》と一刀流《いっとうりゅう》を学《まな》びましたが、成長《せいちょう》しても、剣《けん》のけいこ、とりわけ居合《いあ》い術《じゅつ》の練習《れんしゅう》をかかさず、晩年《ばんねん》まで鍛錬《たんれん》しつづけました。

利発《りはつ》で、自由《じゆう》な発想《はっそう》をもった諭吉少年《ゆきちしょうねん》は、あるとき、中津藩主《なかつはんしゅ》の名前《なまえ》を書《か》いた紙《かみ》を、うっかり踏《ふ》みつけたことがありました。

「おろかもの」

兄《あに》はひどく叱《しか》りつけました。

「そんなことをしたら、神様《かみさま》のバチがあたるぞ」

神様《かみさま》のバチか。

諭吉《ゆきち》は、考《かんが》えました。

そんなのは、迷信《めいしん》ではないのか。

「よし、ほんとうに、そうなるかどうか」

諭吉《ゆきち》は、紙《かみ》に神様《かみさま》の名前《なまえ》を書《か》いて、便所《べんじょ》に行《い》くと、その紙《かみ》で、そっと、尻《しり》をふきました。そして、その紙《かみ》を、便所《べんじょ》にすてたのです。

さあ、バチがあたるか、あたらないか。

諭吉《ゆきち》は、それが迷信《めいしん》か、迷信《めいしん》ではないのか、実証《じっしょう》しようとしたのです。

さらに、しばらくして、養家《ようか》の庭《にわ》にご神体《しんたい》がまつってある、小《ちい》さな社《やしろ》をみて、

「このなかには、なにがまつってあるのだろう?」

と、戸《と》をひらいてみました。すると、そこには丸《まる》い石《いし》が置《お》いてありました。

「なんだ。ただの石《いし》ころを拝《おが》んでいたのか」

諭吉《ゆきち》は、神体《しんたい》とされていた石《いし》を、別《べつ》の石《いし》ととりかえました。そして、その社《やしろ》を拝《おが》んでいる人《ひと》をみて、おもしろがりました。

このように、福沢《ふくざわ》のこころには、迷信《めいしん》とか、ご神体《しんたい》とかいったものにたいしての疑問《ぎもん》があり、そのこころが、のちの「実学《じつがく》」、「科学《かがく》するこころ」や「合理的《ごうりてき》な考《かんが》え方《かた》と生《い》き方《かた》」へとつながっていったのです。

安政《あんせい》二年《ねん》（一八五五）、福沢《ふくざわ》は大坂《おおさか》へでて、蘭学者《らんがくしゃ》の緒方洪庵《おがたこうあん》の適塾《てきじゅく》で、蘭学《らんがく》を学《まな》びはじめました。オランダ語《ご》と英語《えいご》を習得《しゅうとく》し、二年後《ねんご》には、適塾《てきじゅく》の塾頭《じゅくとう》となりました。

安政《あんせい》五年《ねん》（一八五八）、江戸《えど》へでて、蘭学塾《らんがくじゅく》「一小家塾《いちしょうかじゅく》」をはじめましたが、これがのちの慶《けい》應義塾大学《おうぎじゅくだいがく》へと発展《はってん》していくことになるのです。

万延元年《まんえんがんねん》（一八六〇）、福沢《ふくざわ》は咸臨丸《かんりんまる》に乗《の》って、アメリカにわたりました。

「これがアメリカか」

みるもの、聞《き》くものに、福沢《ふくざわ》はおどろかされました。

万延元年《まんえんがんねん》から慶応《けいおう》三年《ねん》（一八六七）にかけて、幕府《ばくふ》の遣欧米使節《けんおうべいしせつ》に、三度参加《どさんか》した福沢《ふくざわ》は、『西洋事情《せいようじじょう》』などの著作《ちょさく》を通《つう》じて、欧米文化《おうべいぶんか》をわが国《くに》に紹介《しょうかい》しました。

慶応四年《けいおうねん》（一八六八）、蘭学塾《らんがくじゅく》を、慶應義塾《けいおうぎじゅく》と名《な》づけて、教育活動《きょういくかつどう》に力《ちから》を入《い》れるようになり、『学問《がくもん》のすすめ』を書《か》きました。この書《しょ》は、明治時代《めいじじだい》においてのベストセラーとなったのです。

大隈重信《おおくましげのぶ》は、天保《てんぽう》九年《ねん》（一八三八）、二月《がつ》十六日《にち》に肥前国《ひぜんのくに》佐賀《さが》で生《う》まれました。

七歳《さい》で、藩校《はんこう》の弘道館《こうどうかん》に入《はい》りました。

佐賀藩《さがはん》の特色《とくしょく》は、「武士道《ぶしどう》とは、死《し》ぬこととみつけたり」ということばで知《し》られる、『葉隠《はがくれ》』（武《ぶ》士《し》としての心得《こころえ》をまとめたもの）の教《おし》えでした。しかし、『葉隠《はがくれ》』の教《おし》えに、大隈《おおくま》は反発《はんぱつ》するようになっていきました。

「この教育《きょういく》は、あまりにも古《ふる》い。時代《じだい》は、新《あたら》しく変《か》わっていくというのに」

大隈《おおくま》は、藩校《はんこう》の改革《かいかく》をうったえましたが、聞《き》き入《い》れられず、退学《たいがく》し、そのあと、みずから国学《こくがく》と蘭学《らんがく》を学《まな》びました。

幕末《ばくまつ》にあって、大隈《おおくま》は、佐賀藩《さがはん》の義祭同盟《ぎさいどうめい》にくわわり、尊皇派《そんのうは》として活動《かつどう》しました。

「もはや、時代《じだい》の難局《なんきょく》をきりひらくには、大政奉還《たいせいほうかん》しかない」

そう考《かんが》えた大隈《おおくま》は、同志《どうし》である副島種臣《そえじまたねおみ》とともに、将軍《しょうぐん》の徳川慶喜《とくがわよしのぶ》を、大政奉還《たいせいほうかん》をするように説《と》きふせようと、脱藩《だっぱん》し、京都《きょうと》へおもむきました。

明治維新《めいじいしん》のあとは、大隈《おおくま》は、たくみな英語力《えいごりょく》を買《か》われて、明治政府《めいじせいふ》の外交《がいこう》に起用《きよう》されました。

イギリス公使《こうし》パークスとの交渉《こうしょう》などで、名《な》をあげた大隈《おおくま》は、それから財政《ざいせい》、鉄道《てつどう》などの分野《ぶんや》でも活躍《かつやく》し、やがて参議《さんぎ》となり、大蔵卿《おおくらきょう》をつとめるまでになりました。

大隈《おおくま》が築地《つきじ》に家《いえ》をかまえていたときには、いつも大勢《おおぜい》があつまって、にぎわっていました。

「天下国家《てんかこっか》は、こうあるべきだ」

と、伊藤博文《いとうひろぶみ》、井上馨《いのうえかおる》、澁澤栄一《しぶさわえいいち》、西郷隆盛《さいごうたかもり》、大久保利通《おおくぼとしみち》、木戸孝允《きどたかよし》、江藤新平《えとうしんぺい》らが酒食《しゅしょく》をともにして、さかんに議論《ぎろん》をかわしあったのです。そのにぎわいは、中国《ちゅうごく》の古典《こてん》、『水滸伝《すいこでん》』の英雄《えいゆう》たちがあつまった梁山泊《りょうざんぱく》にたとえられて、「築地《つきじ》の梁山泊《りょうざんぱく》」と呼《よ》ばれました。

大隈《おおくま》は、明治《めいじ》十五年《ねん》（一八八二）、四月《がつ》に、のちの議会政治《ぎかいせいじ》の中心《ちゅうしん》となるべく、同志《どうし》の小野梓《おのあずさ》らと立憲改進党《りっけんかいしんとう》を結成《けっせい》しました。

さらに、同《おな》じ年《とし》の十月《がつ》には、学問《がくもん》の独立《どくりつ》をうたって、東京専門学校《とうきょうせんもんがっこう》を、早稲田《わせだ》にひらきました。

大隈《おおくま》が東京専門学校《とうきょうせんもんがっこう》を設立《せつりつ》したきっかけとなったのは、福沢諭吉《ふくざわゆきち》とのやりとりからです。

はじめ、大隈《おおくま》と福沢《ふくざわ》とは、たびたび雑誌《ざっし》で論戦《ろんせん》しあい、おたがいをライバル視《し》して、じかに会《あ》うことはありませんでした。大隈《おおくま》は、福沢《ふくざわ》を「お高《たか》くとまった学者《がくしゃ》」と言《い》い、福沢《ふくざわ》は、大隈《おおくま》を「生意気《なまいき》な政治家《せいじか》」と言《い》っていたのです。

「あのふたり、犬猿《けんえん》の仲《なか》だからな」

そんなふたりを会《あ》わせてみたら、おもしろいのではないかと、雑誌《ざっし》の編集部《へんしゅうぶ》が考《かんが》え、本人《ほんにん》たちには内緒《ないしょ》で、一席《いっせき》をもうけたのです。

「きっと、おおげんかがはじまるぞ」

まわりは固唾《かたず》をのんでみまもりましたが、意外《いがい》にも、ふたりは酒《さけ》がすすむと、かつての疎遠《そえん》の仲《なか》が、うそのように意気投合《いきとうごう》し、親密《しんみつ》になりました。

「いやあ、福沢先生《ふくざわせんせい》はうらやましい。未来《みらい》のある若者《わかもの》たちにかこまれていて、じつに、うらやましい」

大隈《おおくま》が言《い》うと、福沢《ふくざわ》が言《い》いました。

「それなら、大隈《おおくま》さんも、学校《がっこう》をおつくりになったら、いかがです」

大隈《おおくま》はそれを聞《き》いて、はっとした顔《かお》になり、それから深《ふか》く、うなずきました。

「そう、ですなあ」

これがきっかけとなり、大隈《おおくま》は、のちの早稲田大学《わせだだいがく》を創設《そうせつ》し、初代《しょだい》の総長《そうちょう》となったのです。

そればかりか、大隈《おおくま》は、新島襄《にいじまじょう》の同志社英学校《どうししゃえいがっこう》（のちの同志社大学《どうししゃだいがく》）の創立《そうりつ》を助《たす》けたり、成瀬《なるせ》仁蔵《じんぞう》が創立《そうりつ》しようとしていた日本女子大学校《にほんじょしだいがっこう》（のちの日本女子大学《にほんじょしだいがく》）の、創立委員会委員長《そうりついいんかいいいんちょう》になったりもしました。

その記念《きねん》すべき出会《であ》い以来《いらい》、大隈《おおくま》と福沢《ふくざわ》は、古《ふる》くからの盟友《めいゆう》のようになり、封建国家《ほうけんこっか》から近代《きんだい》国家《こっか》へと変貌《へんぼう》していく、明治《めいじ》という時代《じだい》のなかで、たがいに補《おぎな》いあい、助《たす》けあうようになったのです。

大隈《おおくま》には、人生《じんせい》百二十五歳説《さいせつ》という持論《じろん》がありました。「人間《にんげん》は、二十五年《ねん》を五回《かいい》生きる能力《のうりょく》がある。すなわち、人《ひと》は、百二十五歳《さい》まで生《い》きることができる」

しかし、おさないころは病弱《びょうじゃく》だったために、人一倍健康《ひといちばいけんこう》に気《き》をつかって、百二十五まで生《い》きようとしていた大隈《おおくま》も、天命《てんめい》には勝《か》てませんでした。

大正十一年《たいしょうねん》（一九二二）の一月十日《がつとおか》、八十五歳《さい》で死去《しきょ》しました。

その生涯《しょうがい》において、総理大臣《そうりだいじん》を二代《だい》、外務大臣《がいむだいじん》を五代《だい》つとめ、さまざまな業績《ぎょうせき》をのこした大隈《おおくま》の葬儀《そうぎ》は、一月《がつ》十七日《にち》におこなわれました。告別式《こくべつしき》のあと、日比谷《ひびや》で、「国民葬《こくみんそう》」がおこなわれましたが、そこには約《やく》三十万《まん》の参列者《さんれつしゃ》がおとずれました。

旧《きゅう》国《こく》名《めい》と、この本《ほん》の中《なか》の主《おも》な戦《たたか》いなどの場《ば》所《しょ》

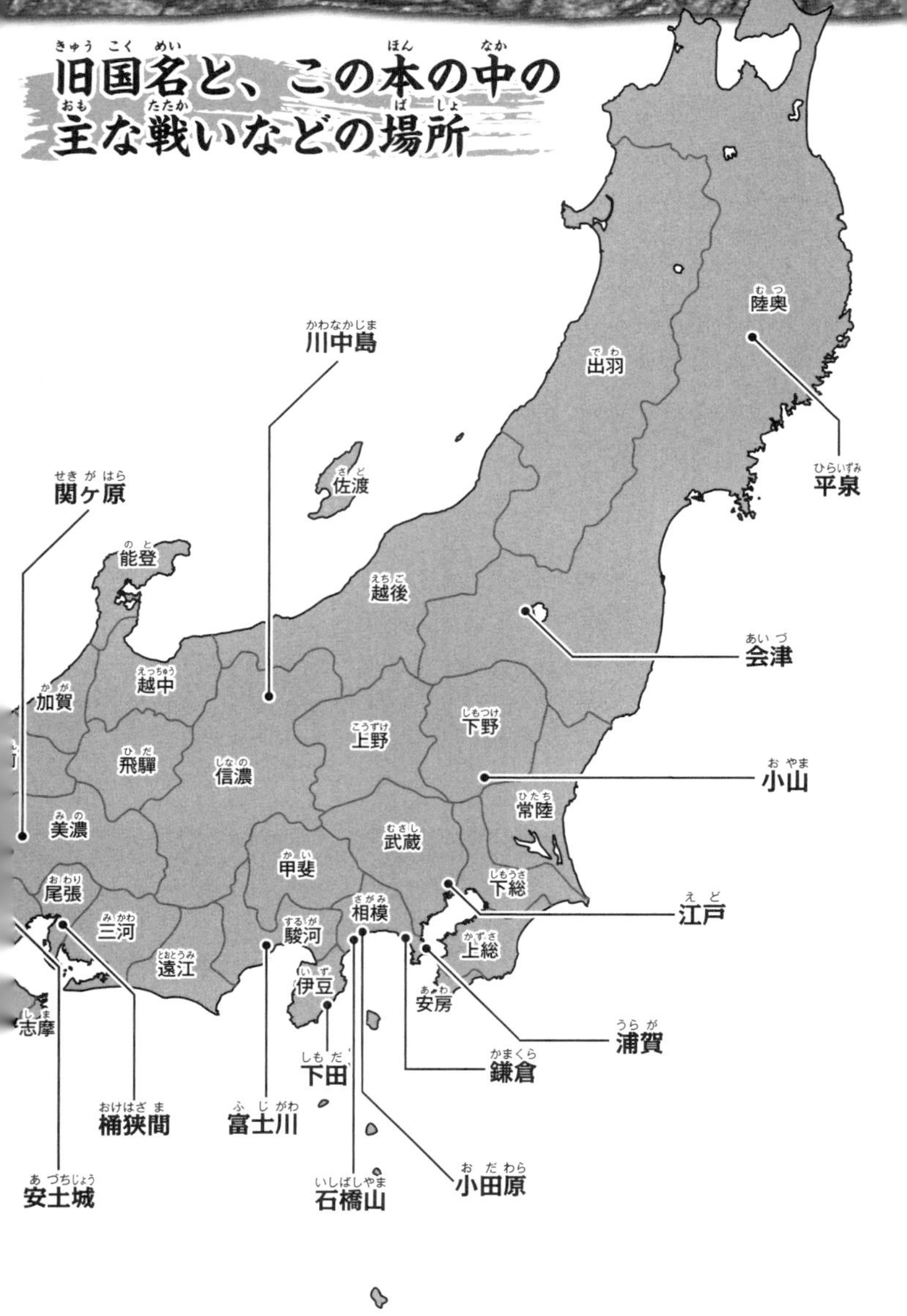

現在《げんざい》の都府県名《とふけんめい》

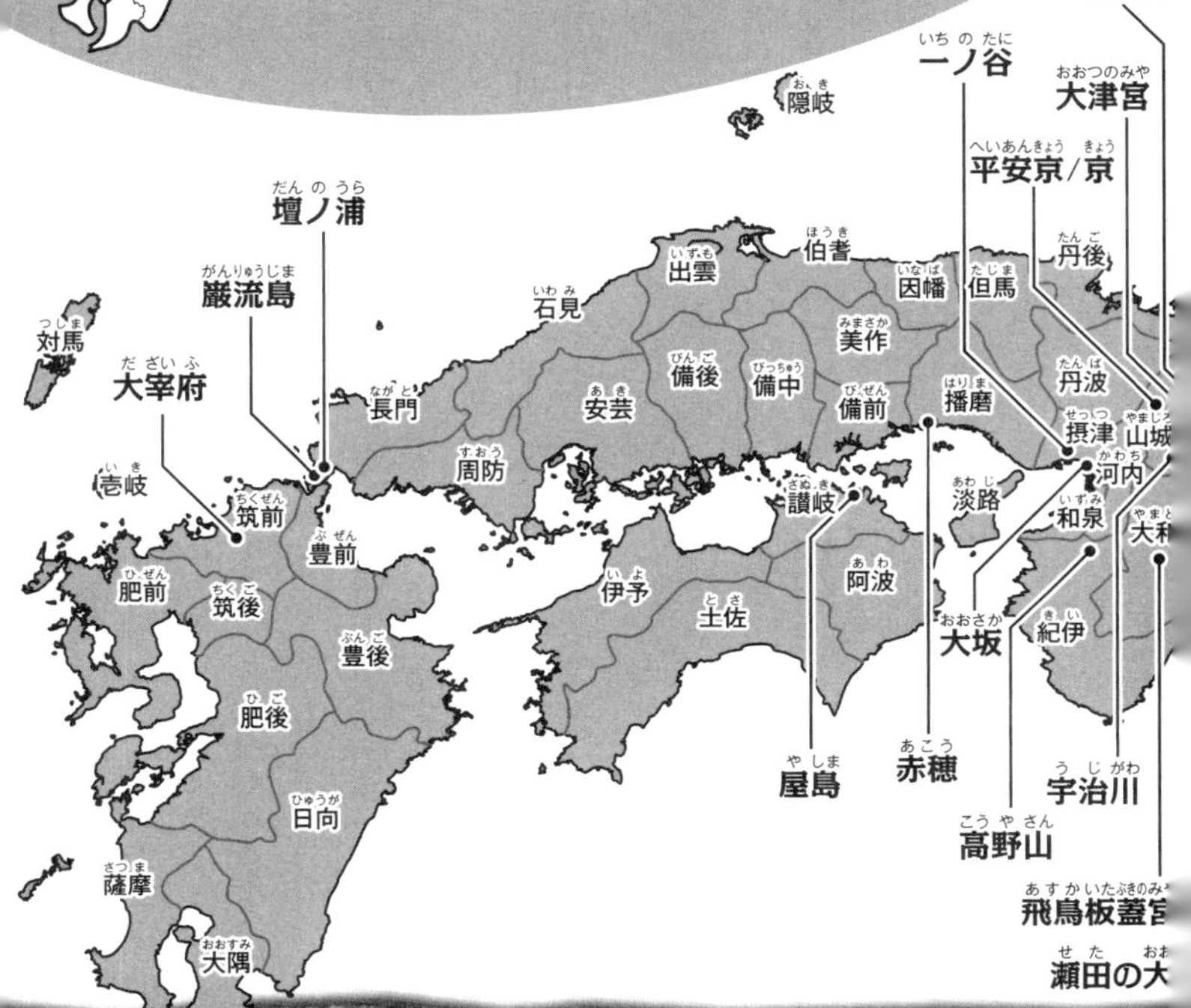

年表《ねんぴょう》（飛鳥《あすか》時代《じだい》～室町《むろまち》時代《じだい》）

飛鳥時代《あすかじだい》

西暦《せいれき》（元号《げんごう》）	できごと
538年《ねん》頃《ごろ》	日本《にほん》に仏教《ぶっきょう》が伝来《でんらい》する。
587年《ねん》	蘇我馬子《そがのうまこ》、厩戸皇子《うまやどのおうじ》（聖徳太子《しょうとくたいし》）らが、物部氏《もののべし》を滅《ほろ》ぼす。
593年《ねん》～	厩戸皇子《うまやどのおうじ》が推古天皇《すいこてんのう》の摂政《せっしょう》として政治《せいじ》をおこなう。
600年《ねん》	遣隋使《けんずいし》の派遣《はけん》がはじまる。
622年《ねん》	厩戸皇子《うまやどのおうじ》が亡《な》くなり、蘇我氏《そがし》（蘇我馬子《そがのうまこ》）の専制《せんせい》がはじまる。
630年《ねん》	遣唐使《けんとうし》の派遣《はけん》がはじまる。
643年《ねん》	蘇我入鹿《そがのいるか》により、山背大兄王《やましろのおおえのおう》とその一族《いちぞく》が滅《ほろ》ぼされる。
645年《ねん》（大化元年《たいかがんねん》）	中大兄皇子《なかのおおえのおうじ》・中臣鎌足《なかとみのかまたり》らが蘇我入鹿《そがのいるか》を暗殺《あんさつ》（乙巳《いっし》の変《へん》）。大化《たいか》の改新《かいしん》はじまる。
646年《ねん》（大化《たいか》2年《ねん》）	改新《かいしん》のみことのりを発《はっ》する。
663年《ねん》	白村江《はくそんこう》の戦《たたか》いで、日本軍《にほんぐん》が唐《とう》・新羅《しらぎ》連合軍《れんごうぐん》に敗《やぶ》れる。
667年《ねん》	近江大津宮《おうみおおつのみや》に遷都《せんと》する。
668年《ねん》	中大兄皇子《なかのおおえのおうじ》が即位《そくい》し天智天皇《てんじてんのう》となる。大海人皇子《おおあまのおうじ》が皇太弟《こうたいてい》に。

平安時代《へいあんじだい》

西暦《せいれき》（元号《げんごう》）	できごと
1016年《ねん》（長和《ちょうわ》5年《ねん》）	藤原道長《ふじわらのみちなが》が摂政《せっしょう》になり、以後《いご》道長《みちなが》の勢力《せいりょく》が強《つよ》くなる。（1027年《ねん》の道長《みちなが》死去《しきょ》まで）
1051年《ねん》（永承《えいしょう》6年《ねん》）	前九年《ぜんくねん》の役《えき》起《お》こる。
1083年《ねん》（永保《えいほう》3年《ねん》）	後三年《ごさんねん》の役《えき》起《お》こる。
1086年《ねん》（応徳《おうとく》3年《ねん》）	院政《いんせい》がはじまる。
1156年《ねん》（保元元年《ほうげんがんねん》）	保元《ほうげん》の乱《らん》起《お》こる。
1159年《ねん》（平治元年《へいじがんねん》）	平治《へいじ》の乱《らん》起《お》こる。
1132年《ねん》（天承《てんしょう》2年《ねん》）	平忠盛《たいらのただもり》、昇殿《しょうでん》を許可《きょか》される。
1160年《ねん》（永暦元年《えいりゃくがんねん》）	源義朝《みなもとのよしとも》が殺《ころ》され、源頼朝《みなもとのよりとも》が伊豆《いず》に流《なが》される。
1167年《ねん》（仁安《にんあん》2年《ねん》）	平清盛《たいらのきよもり》、太政大臣《だいじょうだいじん》となる。
1180年《ねん》（治承《じしょう》4年《ねん》）	以仁王《もちひとおう》の乱《らん》が起《お》こる。
1181年《ねん》（治承《じしょう》5年《ねん》）	平清盛《たいらのきよもり》が亡《な》くなる。
1185年《ねん》（元暦《げんりゃく》2年《ねん》、文治元年《ぶんじがんねん》）	壇ノ浦《だんのうら》の合戦《かっせん》で平家《へいけ》が滅《ほろ》ぶ。諸国《しょこく》に守護《しゅご》・地頭《じとう》を設置《せっち》し、鎌倉幕府《かまくらばくふ》が確立《かくりつ》する。
1189年《ねん》（文治《ぶんじ》5年《ねん》）	源義経《みなもとのよしつね》が亡《な》くなる。源頼朝《みなもとのよりとも》が奥州《おうしゅう》を平定《へいてい》する。
1192年《ねん》（建久《けんきゅう》3年《ねん》）	源頼朝《みなもとのよりとも》が征夷大将軍《せいいたいしょうぐん》に就任《しゅうにん》。

671年《ねん》	大友皇子《おおとものおうじ》が太政大臣《だいじょうだいじん》に就任《しゅうにん》、大海人皇子《おおあまのおうじ》は出家《しゅっけ》し吉野《よしの》へ。天智天皇《てんじてんのう》が亡《な》くなる。
672年《ねん》	大海人皇子《おおあまのおうじ》が挙兵《きょへい》、大友皇子《おおとものおうじ》（弘文天皇《こうぶんてんのう》）が敗《やぶ》れる（壬申《じんしん》の乱《らん》）。飛鳥浄御原宮《あすかきよみはらのみや》に遷都《せんと》する。
673年《ねん》	大海人皇子《おおあまのおうじ》が即位《そくい》し天武天皇《てんむてんのう》となる。
694年《ねん》	藤原京《ふじわらきょう》に遷都《せんと》する。
701年《ねん》（大宝元年《たいほうがんねん》）	大宝律令《たいほうりつりょう》が完成《かんせい》する。

奈良時代《ならじだい》

710年《ねん》（和銅《わどう》3年《ねん》）	平城京《へいじょうきょう》に遷都《せんと》する。
712年《ねん》（和銅《わどう》5年《ねん》）	「古事記《こじき》」の完成《かんせい》。
720年《ねん》（養老《ようろう》4年《ねん》）	「日本書紀《にほんしょき》」の完成《かんせい》。
729年《ねん》（神亀《じんき》6年《ねん》）	長屋王《ながやのおう》の変《へん》が起《お》こる。
752年《ねん》（天平勝宝《てんぴょうしょうほう》4年《ねん》）	東大寺大仏開眼供養《とうだいじだいぶつかいげんくよう》がなされる。
奈良時代《ならじだい》の末期頃《まっきごろ》？	「万葉集《まんようしゅう》」が成立《せいりつ》する。

平安時代《へいあんじだい》

794年《ねん》（延暦《えんりゃく》13年《ねん》）	平安京《へいあんきょう》に遷都《せんと》する。
805年《ねん》（延暦《えんりゃく》24年《ねん》）	最澄《さいちょう》が日本《にほん》に帰国《きこく》し、翌年《よくねん》、天台宗《てんだいしゅう》を開《ひら》く。
806年《ねん》（大同元年《だいどうがんねん》）	空海《くうかい》が日本《にほん》に帰国《きこく》し、後年《こうねん》、真言宗《しんごんしゅう》を開《ひら》く。
810年《ねん》（大同《だいどう》5年《ねん》）	薬子《くすこ》の変《へん》起《お》こる。
842年《ねん》（承和《じょうわ》9年《ねん》）	承和《じょうわ》の変《へん》起《お》こる。
894年《ねん》（寛平《かんぴょう》6年《ねん》）	遣唐使《けんとうし》が廃止《はいし》される。
1000年《ねん》（長保《ちょうほう》2年《ねん》）	藤原道隆《ふじわらのみちたか》の娘《むすめ》・定子《ていし》が皇后《こうごう》に、藤原《ふじわらの》道長《みちなが》の娘《むすめ》・彰子《しょうし》が中宮《ちゅうぐう》になる。

鎌倉時代《かまくらじだい》

1219年《ねん》（建保《けんぽう》7年《ねん》、承久元年）	三代将軍《さんだいしょうぐん》・源実朝が亡《な》くなり、北条氏《し》による執権政治《しっけんせいじ》が確立《かくりつ》してゆく。
1221年《ねん》（承久《じょうきゅう》3年《ねん》）	承久《じょうきゅう》の乱《らん》が起《お》こる。六波羅探題《ろくはらたんだい》が設置《せっち》される。
1232年《ねん》（貞永元年《じょうえいがんねん》）	御成敗式目《ごせいばいしきもく》を制定《せいてい》。
1274年《ねん》（文永《ぶんえい》11年《ねん》）	文永《ぶんえい》の役《えき》が起《お》こる。
1281年《ねん》（弘安《こうあん》4年《ねん》）	弘安《こうあん》の役《えき》が起《お》こる。
1297年《ねん》（永仁《えいにん》5年《ねん》）	永仁《えいにん》の徳政令《とくせいれい》が出《だ》される。
1331年《ねん》（元弘元年《げんこうがんねん》）	元弘《げんこう》の乱《らん》が起《お》こる。
1333年《ねん》（元弘《げんこう》3年《ねん》）	鎌倉幕府《かまくらばくふ》が滅《ほろ》びる。後醍醐天皇《ごだいごてんのう》が親政《しんせい》をはじめる（建武《けんむ》の中興《ちゅうこう》〈新政《しんせい》〉）。

室町時代《むろまちじだい》

1336年《ねん》（延元元年《えんげんがんねん》／建武《けんむ》3年《ねん》）	室町幕府《むろまちばくふ》の成立《せいりつ》。
1338年《ねん》（延元《えんげん》3年《ねん》／暦応元年《りゃくおうがんねん》）	足利尊氏《あしかがたかうじ》が征夷大将軍《せいいたいしょうぐん》に就任《しゅうにん》。
1392年《ねん》（元中《げんちゅう》9年《ねん》／明徳《めいとく》3年《ねん》）	南北朝《なんぼくちょう》が統一《とういつ》される。
1397年《ねん》（応永《おうえい》4年《ねん》）	足利義満《あしかがよしみつ》、金閣寺《きんかくじ》をつくる。
1399年《ねん》（応永《おうえい》6年《ねん》）	応永《おうえい》の乱《らん》が起《お》こる。
1404年《ねん》（応永《おうえい》11年《ねん》）	勘合貿易《かんごうぼうえき》が開始《かいし》される。
1467年《ねん》（応仁元年《おうにんがんねん》）	応仁《おうにん》の乱《らん》が起《お》こる（～1477年）。
1489年《ねん》（長享《ちょうきょう》3年《ねん》）	足利義政《あしかがよしまさ》、銀閣寺《ぎんかくじ》をつくる。
1543年《ねん》（天文《てんぶん》12年《ねん》）	種子島《たねがしま》に鉄砲《てっぽう》が伝来《でんらい》する。
1549年《ねん》（天文《てんぶん》18年《ねん》）	フランシスコ・ザビエルがキリスト教《きょう》を伝《つた》える。

年表《ねんぴょう》（室町時代《むろまちじだい》〜明治時代《めいじじだい》）

時代	西暦《せいれき》（元号《げんごう》）	できごと
室町時代《むろまちじだい》	1553年《ねん》（天文《てんぶん》22年《ねん》）	第一次川中島《だいいちじかわなかじま》の合戦《かっせん》。（以後《いご》1564年《ねん》の第五次《だいごじ》までつづく）
	1560年《ねん》（永禄《えいろく》3年《ねん》）	織田信長《おだのぶなが》が桶狭間《おけはざま》の戦《たたか》いで今川義元《いまがわよしもと》を破《やぶ》る。
	1568年《ねん》（永禄《えいろく》11年《ねん》）	織田信長《おだのぶなが》が京《きょう》に入《はい》る。
	1571年《ねん》（元亀《げんき》2年《ねん》）	織田信長《おだのぶなが》が比叡山延暦寺《ひえいざんえんりゃくじ》を焼《や》き打《う》ちにする。
	1573年《ねん》（元亀《げんき》4年《ねん》）	室町幕府《むろまちばくふ》が滅《ほろ》びる。
安土桃山時代《あづちももやまじだい》	1582年《ねん》（天正《てんしょう》10年《ねん》）	織田信長《おだのぶなが》が本能寺《ほんのうじ》の変《へん》で明智光秀《あけちみつひで》に討《う》たれる。山崎《やまざき》の戦《たたか》い（天王山《てんのうざん》の戦《たたか》い）で明智光秀《あけちみつひで》が羽柴秀吉《はしばひでよし》に敗《やぶ》れる。
	1585年《ねん》（天正《てんしょう》13年《ねん》）	羽柴秀吉《はしばひでよし》が関白《かんぱく》となる。
	1590年《ねん》（天正《てんしょう》18年《ねん》）	豊臣《とよとみ》（羽柴改《はしばあらた》め）秀吉《ひでよし》が全国《ぜんこく》を統一《とういつ》する。
	1592年《ねん》（文禄元年《ぶんろくがんねん》）	文禄《ぶんろく》の役《えき》が起《お》こる。
	1597年《ねん》（慶長《けいちょう》2年《ねん》）	慶長《けいちょう》の役《えき》が起《お》こる。
	1598年《ねん》（慶長《けいちょう》3年《ねん》）	五大老《ごたいろう》・五奉行《ごぶぎょう》を設置《せっち》する。
	1600年《ねん》（慶長《けいちょう》5年《ねん》）	関《せき》ヶ原《はら》の戦《たたか》いで、東軍《とうぐん》（徳川家康《とくがわいえやす》）が西軍《せいぐん》（石田三成《いしだみつなり》）を破《やぶ》る。

時代	西暦《せいれき》（元号《げんごう》）	できごと
江戸時代《えどじだい》	1758年《ねん》（宝暦《ほうれき》8年《ねん》）	宝暦事件《ほうれきじけん》が起《お》きる。
	1787年《ねん》（天明《てんめい》7年《ねん》）	老中《ろうじゅう》・松平定信《まつだいらさだのぶ》による寛政《かんせい》の改革《かいかく》はじまる（〜1793年《ねん》）。
	1825年《ねん》（文政《ぶんせい》8年《ねん》）	異国船打払令《いこくせんうちはらいれい》が出《だ》される。
	1828年《ねん》（文政《ぶんせい》11年《ねん》）	シーボルト事件《じけん》が起《お》きる。
	1831年《ねん》（天保《てんぽう》2年《ねん》）頃《ごろ》	葛飾北斎《かつしかほくさい》の「富嶽三十六景《ふがくさんじゅうろっけい》」の刊行《かんこう》が開始《かいし》される。
	1833年《ねん》（天保《てんぽう》4年《ねん》）	天保《てんぽう》の飢饉《ききん》が起《お》きる。
	1834年《ねん》（天保《てんぽう》5年《ねん》）	歌川広重《うたがわひろしげ》の「東海道五十三次《とうかいどうごじゅうさんつぎ》」の刊行《かんこう》が開始《かいし》される。
	1837年《ねん》（天保《てんぽう》8年《ねん》）	大塩平八郎《おおしおへいはちろう》の乱《らん》が起《お》きる。モリソン号《ごう》事件《じけん》が起《お》きる。
	1839年《ねん》（天保《てんぽう》10年《ねん》）	蛮社《ばんしゃ》の獄《ごく》で渡辺崋山《わたなべかざん》・高野長英《たかのちょうえい》らが処分《しょぶん》される。
	1841年《ねん》（天保《てんぽう》12年《ねん》）	老中《ろうじゅう》・水野忠邦《みずのただくに》による天保《てんぽう》の改革《かいかく》（〜1844年《ねん》）。
	1853年《ねん》（嘉永《かえい》6年《ねん》）	アメリカ使節《しせつ》ペリーが浦賀《うらが》に来航《らいこう》。
	1854年《ねん》（嘉永《かえい》7年《ねん》）	日米和親条約《にちべいわしんじょうやく》が結《むす》ばれる。
	1856年《ねん》（安政《あんせい》3年《ねん》）	アメリカ総領事《そうりょうじ》ハリスが下田《しもだ》に着任《ちゃくにん》する。

江戸時代《えどじだい》

1603年《ねん》（慶長《けいちょう》8年《ねん》）	徳川家康《とくがわいえやす》が征夷大将軍《せいいたいしょうぐん》となり、江戸《えど》幕府《ばくふ》を開《ひら》く。
1612年《ねん》（慶長《けいちょう》17年《ねん》）	宮本武蔵《みやもとむさし》と佐々木小次郎《ささきこじろう》、巌流島《がんりゅうじま》で対決《たいけつ》。禁教令《きんきょうれい》が全国《ぜんこく》に出《だ》される。
1614年《ねん》（慶長《けいちょう》19年《ねん》）	大坂冬《おおさかふゆ》の陣《じん》が起《お》こる。
1615年《ねん》（慶長《けいちょう》20年《ねん》）	大坂夏《おおさかなつ》の陣《じん》で豊臣家《とよとみけ》が滅《ほろ》ぶ。武家諸法度《ぶけしょはっと》・禁中並公家諸法度《きんちゅうならびにくげしょはっと》が制定《せいてい》される。
1635年《ねん》（寛永《かんえい》12年《ねん》）	参勤交代制《さんきんこうたいせい》が確立《かくりつ》する。
1637年《ねん》（寛永《かんえい》14年《ねん》）	島原《しまばら》の乱《らん》が起《お》きる。
1639年《ねん》（寛永《かんえい》16年《ねん》）	鎖国《さこく》が完成《かんせい》する。
1649年《ねん》（慶安《けいあん》2年《ねん》）	慶安《けいあん》の御触書《おふれがき》が出《だ》される。
1673年《ねん》（延宝元年《えんぽうがんねん》）	市川團十郎《いちかわだんじゅうろう》、江戸《えど》で荒事《あらごと》を上演《じょうえん》する。
1677年《ねん》（延宝《えんぽう》5年《ねん》）	松尾芭蕉《まつおばしょう》、俳諧《はいかい》の宗匠《そうしょう》となる。
1678年《ねん》（延宝《えんぽう》6年《ねん》）	坂田藤十郎《さかたとうじゅうろう》、大坂《おおさか》で和事《わごと》を上演《じょうえん》する。
1687年《ねん》（貞享《じょうきょう》4年《ねん》）	生類憐《しょうるいあわれ》みの令《れい》が出《だ》される。
1701年《ねん》（元禄《げんろく》14年《ねん》）	浅野内匠頭《あさのたくみのかみ》が、江戸城内《えどじょうない》で吉良上野介《きらこうずけのすけ》に斬《き》りつけ、切腹《せっぷく》となる。
1702年《ねん》（元禄《げんろく》15年《ねん》）	浅野内匠頭《あさのたくみのかみ》遺臣《いしん》（赤穂浪士《あこうろうし》）が江戸《えど》の吉良邸《きらてい》に討《う》ち入《い》り、吉良上野介《きらこうずけのすけ》の首《くび》を捕《と》る。
1716年《ねん》（享保元年《きょうほうがんねん》）	八代将軍《はちだいしょうぐん》・徳川吉宗《とくがわよしむね》による享保《きょうほう》の改革《かいかく》がはじまる（～1745年《ねん》）。

1858年《ねん》（安政《あんせい》5年《ねん》）	日米修好通商条約《にちべいしゅうこうつうしょうじょうやく》。安政《あんせい》の大獄《たいごく》はじまる（～1859年《ねん》）。
1860年《ねん》（安政《あんせい》7年《ねん》）	桜田門外《さくらだもんがい》の変《へん》で井伊直弼《いいなおすけ》が暗殺《あんさつ》される。
1862年《ねん》（文久《ぶんきゅう》2年《ねん》）	生麦事件《なまむぎじけん》が起《お》こる。
1866年《ねん》（慶応《けいおう》2年《ねん》）	坂本龍馬《さかもとりょうま》の立会《たちあ》いで薩長同盟《さっちょうどうめい》の密約《みつやく》がなされる。
1867年《ねん》（慶応《けいおう》3年《ねん》）	十五代将軍《じゅうごだいしょうぐん》・徳川慶喜《とくがわよしのぶ》により大政奉還《たいせいほうかん》がなされ、江戸幕府《えどばくふ》が終《お》わる。王政復古《おうせいふっこ》の大号令《だいごうれい》が発《はっ》せられる。

明治時代《めいじじだい》

1868年《ねん》（明治元年《めいじがんねん》）	明治維新《めいじいしん》。五箇条《ごかじょう》のご誓文《せいもん》が発《はっ》せられる。福沢諭吉《ふくざわゆきち》がそれまでひらいていた蘭学塾《らんがくじゅく》を慶應義塾《けいおうぎじゅく》と名《な》づける。
1869年《ねん》（明治《めいじ》2年《ねん》）	版籍奉還《はんせきほうかん》がおこなわれる。
1871年《ねん》（明治《めいじ》4年《ねん》）	廃藩置県《はいはんちけん》がおこなわれる。
1877年《ねん》（明治《めいじ》10年《ねん》）	西南戦争《せいなんせんそう》。西郷隆盛《さいごうたかもり》戦死《せんし》。
1878年《ねん》（明治《めいじ》11年《ねん》）	大久保利通《おおくぼとしみち》が暗殺《あんさつ》される（紀尾井坂《きおいざか》の変《へん》）。
1882年《ねん》（明治《めいじ》15年《ねん》）	大隈重信《おおくましげのぶ》が、早稲田大学《わせだだいがく》の前身《ぜんしん》・東京《とうきょう》専門学校《せんもんがっこう》をひらく。
1889年《ねん》（明治《めいじ》22年《ねん》）	大日本帝国憲法《だいにっぽんていこくけんぽう》が発布《はっぷ》される。

あとがき

日本史《にほんし》ライバル名勝負《めいしょうぶ》、いかがでしたか。

勝《か》ったもの、負《ま》けたもの。笑《わら》ったもの。泣《な》いたもの。生《い》きぬいたもの。死《し》んだもの。まさしく、つらい、きびしいあらそいと戦《たたか》いが、そこにはありました。ただ、ほっこりとした、こころあたたまるライバル関係《かんけい》も、あるには、ありましたね。

しかし、その多《おお》くは、やはり「相手《あいて》をたおす、相手《あいて》をほろぼす」という、過酷《かこく》なライバル関係《かんけい》でした。そして、ライバルとのきびしいあらそいに勝《か》ちのこったものが、つぎの時代《じだい》をきずいていったのです。まさに、日本《にほん》の歴史《れきし》をさかのぼって考《かんが》えると、「ライバルが歴史《れきし》を動《うご》かす原動力《げんどうりょく》になった」といえるでしょう。

千三百年《せんねん》以上《いじょう》の昔《むかし》に、中大兄皇子《なかのおおえのおうじ》と大海人皇子《おおあまのおうじ》兄弟《きょうだい》がくりひろげた、「だれが天皇《てんのう》になるか」というあらそい。最澄《さいちょう》と空海《くうかい》の、「仏教《ぶっきょう》のリーダーは、どちらなのか」というあらそい。紫式部《むらさきしきぶ》と清少納言《せいしょうなごん》の、王朝文芸《おうちょうぶんげい》において、「一番《ばん》はどっち」というあらそい。平家《へいけ》と源氏《げんじ》の、「どちらの一族《いちぞく》が生《い》きのこるか」という、たがいの一族《いちぞく》の盛衰《せいすい》をかけたあらそい。源頼朝《みなもとのよりとも》と源義経《みなもとのよしつね》の、兄《あに》と弟《おとうと》の、「相手《あいて》をほろぼさなくてはならない」という、骨肉《こつにく》のあらそい。金閣寺《きんかくじ》と銀閣寺《ぎんかくじ》の、「どちらが、日本人《にほんじん》の美意識《びいしき》にうったえるか」という、優《ゆう》美《び》なあらそい。織田信長《おだのぶなが》と明智光秀《あけちみつひで》の、「一方《いっぽう》はライバルとも思《おも》っていなかったのに、一《いっ》方《ぽう》がしゃにむにライバルとなろう」として、むほんを起《お》こしたあらそい。信玄《しんげん》と謙信《けんしん》の、戦国時代《せんごくじだい》において、実力《じつりょく》が伯仲《はくちゅう》した、すぐれた武将同士《ぶしょうどうし》の、「どちらも勝利《しょうり》を手《て》にできなかった」あらそい。日本《にほん》がふたつの勢力《せいりょく》に分《わ》かれて、関ケ原《せきがはら》で激突《げきとつ》した西軍《せいぐん》と東軍《とうぐん》の、「天下分《てんかわ》けめ」のあらそい。一度《ど》も負《ま》けたことのなかった剣客同士《けんかくどうし》が、「いずれが強《つよ》いか」と、命《いのち》をかけて戦《たたか》ったあらそい。日本《にほん》の未来《みらい》をきりひらくのは、「いまのままがいいとする」佐幕派《さばくは》と、「いまのままではならないとする」討幕派《とうばくは》のあらそい。学問《がくもん》というジャンルで、新《あたら》しい時代《じだい》をきずきあげた福沢諭吉《ふくざわゆきち》と大隈重信《おおくましげのぶ》の、「ライバルあらそいを超《こ》えた、熱《あつ》い友情《ゆうじょう》」。

　たくさんのドラマを生《う》みだした「日本《にほん》の歴史《れきし》　最強《さいきょう》ライバル列伝《れつでん》」。みなさんは、どのライバルたちの物語《ものがたり》が、興味深《きょうみぶか》く感《かん》じられましたか。

小沢章友《おざわあきとも》

【主要参考文献】

『ビジュアル　ライバルで読む日本史』小和田哲男監修　世界文化社
『世界人物逸話大事典』　朝倉治彦・三浦一郎編著　角川書店
『日本史広辞典』　日本史広辞典編集委員会編　山川出版社
『角川新版日本史辞典』　朝尾直弘・宇野俊一・田中琢編　角川書店
『新編　日本史辞典』京大日本史辞典編纂会編　東京創元社
『読める年表　日本史』　川崎庸之・原田伴彦・奈良本辰也・小西四郎監修　自由国民社
『年表日本歴史』①②③⑥　井上光貞・児玉幸多・林家辰三郎編
①黛弘道編、②村井康彦編、③熱田公編、⑥色川大吉・原田勝正編　筑摩書房
『岩波　仏教辞典』中村元・田村芳朗・末木文美士・福永光司・今野達編　岩波書店
『新編　日本古典文学全集（4）「日本書紀③」』小島憲之・西宮一民・毛利正守・直木孝次郎・蔵中進校注／訳　小学館
『図説日本の古典「萬葉集」』伊藤博・黛弘道・上原和編　集英社
『新編　日本古典文学全集（26）「和泉式部日記・紫式部日記・更級日記・讃岐典侍日記」』
藤岡忠美・犬養廉・中野幸一・石井文夫校注／訳　小学館
『図説日本の古典「蜻蛉日記・枕草子」』木村正中・土田直鎮・白畑よし編　集英社
『武田信玄――風林火山の大戦略　歴史群像シリーズ』学習研究社
『上杉謙信――戦国最強武将破竹の戦略　歴史群像シリーズ』学習研究社
『織田信長――〈天下一統の〉の謎　歴史群像シリーズ』学習研究社
『石田三成――戦国を差配した才知と矜持　歴史群像シリーズ』学習研究社
『関ヶ原（上）（中）（下）』司馬遼太郎著　新潮社
『関ヶ原の戦い――「全国版」史上最大の激突　歴史群像』学習研究社
『徳川家康――大戦略と激闘の譜　新・歴史群像』学習研究社
『巌流島決闘から４００年　宮本武蔵と『五輪書』』　徳間書店
『江戸人物ものしり事典　別冊歴史読本』新人物往来社
『新編　日本古典文学全集（71）「松尾芭蕉集②」』井本農一・久富哲雄・村松友次・堀切実校注／訳　小学館

集英社みらい文庫

日本《にほん》の歴史《れきし》
最強《さいきょう》ライバル列伝《れつでん》

小沢章友《おざわあきとも》　著

きろばいと　絵

ファンレターのあて先
〒101-8050　東京都千代田区一ツ橋2-5-10　集英社みらい文庫編集部
いただいたお便りは編集部から先生におわたしいたします。

2017年 2月28日　第1刷発行

発行者　北畠輝幸
発行所　株式会社 集英社
〒101-8050　東京都千代田区一ツ橋2-5-10
電話　編集部 03-3230-6246
読者係 03-3230-6080
販売部 03-3230-6393（書店専用）
http://miraibunko.jp
装　丁　中島由佳理
印　刷　大日本印刷株式会社　凸版印刷株式会社
製　本　大日本印刷株式会社

ISBN978-4-08-321360-1　C8221　N.D.C.913　188P　18cm

千年前《せんねんまえ》から人気作家《にんきさっか》！

清少納言《せいしょうなごん》と紫式部《むらさきしきぶ》

奥山景布子《おくやまきょうこ》・著　森川《もりかわ》 泉《いずみ》・絵

平安《へいあん》の天才作家《てんさいさっか》ふたりが、
現代《げんだい》によみがえったように
語《かた》りかけてくるスタイルの伝記《でんき》！

伝《でん》記《き》シリーズ

戦国《せんごく》の天下人《てんかびと》

信長《のぶなが》・秀吉《ひでよし》・家康《いえやす》

小沢章友《おざわあきとも》・著　暁《あかつき》かおり・絵

「戦国《せんごく》の三英傑《さんえいけつ》」と呼《よ》ばれる
織田信長《おだのぶなが》、豊臣秀吉《とよとみひでよし》、徳川家康《とくがわいえやす》。
天下取《てんかと》りにひた走《はし》った激《はげ》しい人生《じんせい》

「みらい文庫《ぶんこ》」読者《どくしゃ》のみなさんへ

言葉《ことば》を学《まな》ぶ、感性《かんせい》を磨《みが》く、創造力《そうぞうりょく》を育《はぐく》む……、読書《どくしょ》は「人間力《にんげんりょく》」を高《たか》めるために欠《か》かせません。たった一枚《いちまい》のページをめくる向《む》こう側《がわ》に、未知《みち》の世界《せかい》、ドキドキのみらいが無限《むげん》に広《ひろ》がっている。これこそが「本《ほん》」だけが持《も》っているパワーです。

学校《がっこう》の朝《あさ》の読書《どくしょ》に、休《やす》み時間《じかん》に、放課後《ほうかご》に……。いつでも、どこでも、すぐに続《つづ》きを読《よ》みたくなるような、魅力《みりょく》に溢《あふ》れる本《ほん》をたくさん揃《そろ》えていきたい。読書《どくしょ》がくれる、心《こころ》がきらきらしたり胸《むね》がきゅんとする瞬間《しゅんかん》を体験《たいけん》してほしい、楽《たの》しんでほしい。みらいの日本《にほん》、そして世界《せかい》を担《にな》うみなさんが、やがて大人《おとな》になった時《とき》、「読書《どくしょ》の魅力《みりょく》を初《はじ》めて知《し》った本《ほん》」「自分《じぶん》のおこづかいで初《はじ》めて買《か》った一冊《いっさつ》」と思《おも》い出《だ》してくれるような作品《さくひん》を一所懸命《いっしょけんめい》、大切《たいせつ》に創《つく》っていきたい。

そんないっぱいの想《おも》いを込《こ》めながら、作家《さっか》の先生方《せんせいがた》と一緒《いっしょ》に、私《わたし》たちは素敵《すてき》な本作《ほんづく》りを続《つづ》けていきます。「みらい文庫《ぶんこ》」は、無限《むげん》の宇宙《うちゅう》に浮《う》かぶ星《ほし》のように、夢《ゆめ》をたたえ輝《かがや》きながら、次々《つぎつぎ》と新《あたら》しく生《う》まれ続《つづ》けます。

本《ほん》を持《も》つ、その手《て》の中《なか》に、ドキドキするみらい――。

本《ほん》の宇宙《うちゅう》から、自分《じぶん》だけの健《すこ》やかな空想力《くうそうりょく》を育《そだ》て、〝みらいの星《ほし》〟をたくさん見《み》つけてください。

そして、大切《たいせつ》なこと、大切《たいせつ》な人《ひと》をきちんと守《まも》る、強《つよ》くて、やさしい大人《おとな》になってくれることを心《こころ》から願《ねが》っています。

2011年《ねん》　春《はる》

集英社《しゅうえいしゃ》みらい文庫編集部《ぶんこへんしゅうぶ》